일
하는
사장의
생각

청기와타운 양지삼 대표가
말하는 장사와 경영
그리고 브랜드

일
하는
사장의
생각

북스톤

식당을 차리고 싶었습니다. 타고난 감각이 있다거나 식(食)에 대해 접해볼 기회가 많았던 건 아니었고요. 공부와는 거리가 좀 있었고 딱히 타고난 재주도 없다고 느꼈습니다. 굳이 다른 점을 꼽자면 식탐이 남보다 좀 유별난 정도? 어릴 때 뚱뚱했거든요.

사실 그보다는, 식당을 차려 성공하면 완전하지 않은 나의 유년시절을 만회할 수 있으리라 생각했던 것 같습니다. 호텔조리과에 간 것도 그 꿈에 조금이나마 도움이 될지 모른다는 생각 때문이었습니다.

졸업 후 호텔견습생으로서 일을 배우는데 일은 너무 힘들고 정직원 되기는 하늘의 별 따기 같아 보였습니다.

언제 내 가게를 차릴 수 있을까? 호텔에서 요리를 배워서 장사한들 과연 외식시장에서 성공할 수 있을까?

힘든 견습생활의 부적응자일 수도 있겠습니다만, 온갖

회의감이 들었습니다

　요리를 배워 주방을 내가 책임지고 접객이나 운영을
다른 사람에게 위임하는 게 나을까, 접객이나 운영을 내
가 책임지고 주방을 맡기는 게 나을까. 수없이 고민한 끝
에 내 목표는 최고의 요리사가 되는 게 아니고, 여기저기
돌아다니기 좋아하는 편이니 운영을 배우기로 결심했고,
우연히 들어간 식당이 장사가 아주 잘되길래 거기서 5년
동안 일했습니다.

　일하면서 힘들 때도 많았지만 참 재미있고 의미 있는
시간이었습니다. 누군가는 우연히 들어간 식당에서 어떻
게 그렇게 오래 일할 수 있었냐고 묻더군요. 사실 힘든 시
기를 견뎠다기보다 일을 해보니 식당일만큼 흥미롭고 비
전 있는 일이 없는 것 같기도 하고, 또 내가 그만두려고
마음먹을 때쯤이면 꼭 다른 동료가 먼저 그만두는 바람
에 유야무야 그렇게 됐습니다.

　남의 식당에서 일하는 게 무엇이 그렇게 재밌는지, 어
떤 비전이 있는지 물으신다면, 우선 식당일은 피드백이

빠릅니다. 업무평가나 성과를 기다릴 필요가 없어요.

매출이니 성과니 결국에는 손님이 얼마나 만족하느냐의 문제인데 잘하면 잘한다고 고맙다고 인사하고 가지, 못하면 뭐 이런 식당이 다 있냐고 욕하고 가지, 리뷰에 컴플레인하지, 지루할 틈이 없습니다.

신메뉴를 기획하거나 새로운 마케팅을 시도할 때도 현장에서 돌아가는 걸 바로바로 지켜볼 수 있다는 장점이 있고요. 무엇보다 신규 매장을 출점할 기회라도 생기면 내 가게 차리는 연습을 해볼 수 있어서 너무 좋았습니다.

또 식당은 어느 회사보다 승진이 빠릅니다. 몇 달 전만 해도 막내였는데 정신 차려보면 선배들이 다 사라지고 없습니다. 화장실 갔다가 돌아오지 않는 선배도 있고 갑자기 본인이나 부모님 건강이 악화돼 간병을 위해 그만두는 경우도 있었습니다. 잊고 지낼 만하면 옆 가게 혹은 그 옆 가게에서 일하고 있긴 했지만요.

대기업은 십수 년을 일해도 되기 어렵다는 팀장을 식당에서는 1년 혹은 몇 개월 안에도 될 수 있어요. 누군가는 그게 그거랑 같냐고 반문할 수도 있지만 다르면 또 얼마나 다릅니까?

내 팀을 스스로 리딩해볼 기회가 주어진다는 면에서는 똑같고, 그렇게 치면 대기업보다 진급이 수십 배 빠른 셈이죠.

그리고 무엇보다, 안전합니다. 어릴 때 아버지는 어부셨습니다. TV에 나오는 어부는 웃는 얼굴로 그물을 던지고 노을 속에 만선의 기쁨을 안고 돌아오는 아름다운 모습이지만, 제가 본 아버지의 모습은 항상 생사의 문제에 노출되어 있었습니다.

비바람이 나뭇가지는 흔들지언정 땅을 흔들지는 못합니다. 그렇기에 비바람이 얼마나 무서운지 사람들은 잘 모릅니다. 비바람이 몰아치는 배 위에 있어본 적 있으신가요? 죽음이 남의 일만은 아니구나 하는 생각이 듭니다.

어린 시절 마주한 아버지의 일하는 모습은 항상 고통스러워 보였고, 두 손은 굳은살이 배기고 찢어지고 배기고 또 갈라져 언제나 땡땡 부어 있었습니다.

이런 모습을 보고 자라서인지 인터뷰에서 식당에서 일하는 동안 힘들지 않았냐고 질문을 받으면 별로 힘들지 않았다고 말하곤 합니다. 제 두 손은 너무나 멀쩡하고 식당 안에는 파도가 치지 않기 때문입니다.

별일 없이 지나갔다고 말하긴 하지만 무언가를 이루기 위해 필수적으로 감내해야 할 고통은 피하지 않고 정면으로 맞섰다고 생각합니다. 그렇기에 하루하루가 보람찼습니다.

오히려 힘든 건 주위의 시선이었습니다. 식당으로 성공하고 싶어서 식당에서 일하고 있는데, 나이 먹을 만큼 먹은 친구가 아직도 자리 잡지 못하고 아르바이트나 전전하는 것으로 보였나 봅니다. 그들 말마따나 식당에서 일하는 주제에 돈까지 없으면 그 시선이 사실이 될 것 같아서 돈을 모아야겠다고 마음먹었습니다.

그렇게 지내다 보니 돈이 제법 모여 창업을 했습니다. 여러 식당을 오픈하고 내 브랜드를 만들고 직원이 100명 넘는 회사로 성장하기까지의 이야기는 천천히 말씀드리겠고요.

요즘 대한민국 외식업이 참 힘들다고 합니다.

어느 통계자료에 따르면 그 이유가 경기가 좋지 않아서이기도 하지만 인구 대비 식당 수가 많아서라고 하던데, 믿을 만한 자료인지는 사실 잘 모르겠습니다.

그렇게 많다는 식당에는 그보다 훨씬 많은 직원들이 일하고 있습니다.

그들이 예전에 제가 받았던 편견 어린 시선에서 벗어나 자기 일을 준비하는 수련의 시간으로 지금을 건강하게 살아가면 좋겠습니다.

이 책이 매출을 더 키우고 돈을 더 잘 벌 수 있는 병법서가 되기보다 우리 식당에서 일하고 있는 직원들, 미래의 사장이 될 그들에게, 그리고 사장이라는 이름으로 일하는 모든 이들에게 지금도 충분히 잘하고 있다고 힘을 주는 응원서가 되길 바라며 씁니다.

양지삼

차 례

책머리에   4

프롤로그 창업이 아닌 성업을 위해   14

1장

경험의
승부

나만의 브랜드를 만들다

장사를 잘한다는 것   26

누가 대신 해줄 수 없는 일   32

브랜드는 만드는 것이 아니라
'만나는' 것   40

누구를 위한 브랜드인가   46

단 한 명을 찾아가는 선택   52

나만의 콘텐츠가
'나만의 시장'을 만든다   62

일하는 사장의 생각노트
경험을 습관으로, 습관을 성과로   69

2장

**장사의
실전**

매출을 올리는 구조 만들기

잘 파는 식당의 컨셉은
'고객의 언어'에서 나온다   78

아이템도 경쟁자도 이기는
'목 좋은' 자리   87

좋은 상권보다 나와 맞는 상권   96

가게의 체력을 키우고 싶다면   101

손님을 다시 오게 하는 3가지 접객   106

지금 나에게 맞는 온라인 마케팅 찾기   114

홍보는 전달되고 바이럴은 퍼진다   122

매출을 잡고 싶다면
트래픽을 관리하라   128

폐업을 고민하는 사장을 위한
6가지 현실조언   137

장사와 부동산,
매장을 사고 팔며 배운 것들   143

일하는 사장의 생각노트
어디서 무엇을 어떻게 팔 것인가   149

3장 **개인에서 조직으로,
장사에서 사업으로**

**경영의
세계**

문제는 구인이 아니라 퇴사다   158

좋은 직원을 어떻게 뽑을까   166

동기부여 대신
동기를 가질 환경을 만들어라   171

매뉴얼이 없으면 규칙도 문화도 없다   177

감이 아닌 숫자로 하는 직원 관리, 보상   184

복지는 직원과의 약속을 지키는 것   189

장사를 사업으로 만드는 운영 시스템   194

프랜차이즈 사업,
어떻게 시작하고 어떻게 살아남을까   203

일하는 사장의 생각노트
직원도 사장도 회사도 성장하는
구조 만들기   212

4장 **무엇을 잃고
무엇을 얻을 것인가**

**일하는
사장의
생각**

그때는 몰랐고 지금은 아는 것   224

무엇을 '잃을' 것인가   230

회사를 키우고 싶다면   232

너무 똑똑하면 도전할 수 없다   234

축적과 발산의 법칙   236

목표를 정한다는 것   238

슬럼프가 왔을 때   240

불안은 제거가 아닌 관리의 대상이다   242

행복의 조건   244

나만의 즐거움이 나의 힘   245

사장의 시간   247

왜 그곳에 가고 싶은가   248

외로움을 해결하는 법   249

무엇을 해야 할지 모르겠다면   251

매출이 떨어질 때 할 수 있는 일   253

내가 지켜야 할 사람   255

나라는 그릇을 키우는 방법   256

긴 연휴에 할 수 있는 일 5가지   258

나를 위로하는 일   260

관계의 마무리   262

일하는 사장의 생각노트
후배에게 해주고 싶은 이야기   264

에필로그 그날의 손님을 기억하며   269

"창업을 하고 싶은데 무엇부터 해야 하나요?"

"어떻게 해야 외식업으로 성공할 수 있죠?"

"안정적인 매출을 꾸준히 올리는 방법이 뭔가요?"

'청기와타운'이라는 브랜드가 본격적으로 알려지면서 제게 장사와 사업에 대한 조언을 구하는 분들이 많습니다. 예비 창업자만이 아닙니다. 지금 장사를 하고 있는데 계속해야 할지 고민이라는 분, 단순히 돈 버는 가게를 넘어 브랜드를 만들고 싶다는 분, 이미 2~3개의 매장을 운영하며 사업 확장을 꿈꾸는 분까지, 이유와 사정도 각기 다릅니다. 자꾸 그만두는 직원들 때문에 속상해서, 물가는 오르는데 매출은 떨어져서, 마케팅이 먹히지 않는데 방법을 모르겠다는 고민까지 포함하면 저를 찾아오는 분들의 속사정은 책 한 권 분량을 훌쩍 넘을 듯하네요.

저희 브랜드만 유독 잘나가서 저를 찾아오는 건 아닐 겁니다. 아마도 식당 직원으로 출발해 경험을 쌓고 다양한 업종의 가게를 운영한 끝에 브랜드를 만들어 프랜차이즈 사업까지 하는 저의 이력 때문이 아닐까 조심스럽게 짐작해봅니다. 저 또한 숱한 고민과 고생의 과정을 거쳤기에 저를 찾아오는 분들의 심정이 십분 이해됩니다. 그래서 될 수 있는 한 강연이나 SNS 등을 통해 이런 분들의 고민에 성의껏 답하려 합니다. 1~2년 전부터는 아예 '무물보(무엇이든 물어보세요)'라는 이름으로 짧은 영상을 찍거나 오프라인 강연도 하고, 후배가 신규 가게를 열면 매상도 올려줄 겸 오픈한 매장에 가서 오신 분들과 묻고 답하는 시간을 갖기도 합니다.

내 사업을 하기도 바쁜데 이런 활동까지 하는 이유를 묻는 분들도 계십니다. 다들 힘든 시기에 자칫 사업에 쏟을 에너지가 분산될까 걱정해주시는 마음인 줄 압니다. 제 사업 역시 여전히 '진행형'이고 조금만 운영이 느슨해지면 위기는 금방 찾아올 테니까요. 그럼에도 기회가 닿는 대로 이런 자리를 갖는 이유가 있습니다.

가장 큰 이유는 먼저 도전한 사람으로서 제 경험이 조금이나마 도움이 되었으면 하는 마음 때문입니다. 그다음으로는 외식업이야말로 장점도 가능성도 많은 매력적인 사업인데, 머리를 맞대고 지혜를 찾으면 지금보다 더 잘되지 않을까 싶어서입니다. 한편으로는 '다들 너무 쉽게 외식업을 시작하는 것 아닌가?' 하는 불만 섞인 생각도 있습니다. 기회가 많은 사업인 만큼 철저하게 준비해서 도전하길 바라는 마음이랄까요.

장사와 경영에 대한 조언을 구하는 많은 분들을 만나고 덕분에 책까지 쓰게 되었지만, 사실 예비 창업자라는 말이 마냥 반갑게만 들리지는 않습니다. 이유는 단순합니다. 지나친 예단일지 모르지만, '창업'을 목표로 삼는 분들을 너무도 많이 만나기 때문입니다. 우리의 목표는 '성업(盛業)'이지 창업이 아닌데 말입니다.

"나도 장사 한번 해볼까?" 하면서 사업자등록을 하고 거침없이 장사에 뛰어드는 분들을 보면 솔직히 머릿속이 복잡해집니다. 장사를 어려운 일로 바라본다면 경험도

쌓지 않고 무작정 시작할 수 있을까요? 요즘 취업 준비생들을 보십시오. 직장이란 10년 넘는 학교 교육을 마치고 거기에 개인의 노력을 더한 끝에 얻는 자리 아닌가요. 장사를 의사, 변호사가 되는 전문적인 자격시험이라 여긴다면, 지금처럼 쉽게(?) 생각하고 뛰어들지는 못할 텐데 말이죠.

물론 창업은 거창하고 어려운 일이니 꿈도 꾸지 말라는 뜻은 결코 아닙니다. 요즘은 과거보다 창업하기가 쉬운 환경인 것도 맞습니다. 취미로 시작한 일이 사업이 되기도 하고, 재미로 벌인 이벤트가 사람들을 모으기도 하고, 소소한 시도가 큰 규모의 비즈니스로 확장되기도 합니다.

그럼에도 '예비 창업'이라는 말을 경계하는 이유는, 왜 창업을 하는지 자신조차 설득하지 못한 채 금전적인 목표만 세우고 장사를 하려는 예비 사장님들이 적지 않기 때문입니다. 제 주위만 봐도 점포를 계약하고 인테리어를 시작하고도 정작 무엇을 팔지 정하지 못한 분들이 있습니다. 심지어 많습니다. 놀랍게도 그사이에 창업 아이템이 바뀌기도 합니다. 계약금을 지불하고 공사를 하고 설비까지 갖추어놓고 손님에게 내놓을 아이템을 테스트했는데 맛도 없고 결과도 신통치 않으니 업종을 바꾸는 것이죠. 그런 일이 정말 있느냐고요? 아주 많습니다.

제 취미는 등산입니다. 별다른 일이 없으면 일주일에 몇 번씩 아침마다 산에 오릅니다. 머리도 식히고 그날 할 일도 정리할 겸 산을 찾는데, 주로 관악산에 갑니다. 등산에 비유하자면, 창업은 관악산의 입구이지 정상에 오른 게 아닙니다. 그런데 가게를 차리고 사업자등록을 하고 사람들이 사장님이라 불러주는 것만으로, 마치 관악산 정상에 오른 것처럼 착각하는 이들이 많습니다. 그런 분들의 결말은 안 봐도 훤합니다. 바로 정상에서 내려오는, 아니 미끄러지는 것이죠.

'왜 나의 창업이 성공해야 하는가?'

'왜 수많은 이들 중에서 내가 성공해야 하는가?'

이 질문에 대답하지도 않고, 심지어 아예 묻지도 않은 채 창업을 준비하는 분들께 꼭 당부하고 싶습니다. 장사를 시작하고서 잘해야 하는 것은 너무 당연합니다. 우리는 시작하기 전에 이미 잘할 준비가 되어 있어야 합니다.

장사를 수년간 해온 사장님들도 예외는 아닙니다. 내가 잘할 수 있는 상황과 컨디션에서 두 번째, 세 번째 브랜드를 준비해야 하는데, 한 번 성공했다고 계속 정상에 있는 것처럼 행동한다면 어떨까요? 어떤 일이든 다 해낼 수 있는 것처럼 밀어붙이면 어떻게 될까요? 그런 마음가짐으로는 정상에서 내려올 일만 남았다고 봐도 과언이 아닐 겁니다. 우리는 지금 하나의 봉우리에 올랐을 뿐입니다. 다시 내리막길을 걷고, 능선을 따라 저쪽 봉우리에 올라 마침내 정상으로 향해야 합니다.

의욕에 차서 새롭게 무언가를 시작하는 사람들의 기를 꺾는 이야기처럼 들릴 수도 있겠습니다. 조금은 불편하게 느껴질 수도 있다고 생각합니다. 하지만 지금 이 순간에도 내 가게, 내 브랜드를 준비하는 사람들은 무수히 많습니다. 새로운 시작을 응원만 하기에는 우리가 몸담은 시장이 너무도 치열합니다.

이쯤 되면 그 치열한 장사를 왜 하라고 시간에 돈에 책까지 써가면서 조언하는지 의아해하는 분들도 있으실 듯하네요.

그럼에도 장사는 도전할 가치가 충분하기 때문입니다. 장사의 세계에서는 나의 경험이 곧 나의 근거가 됩니다. 나의 경험을 기준으로 결정하는 일이라니, 얼마나 멋진가요. 다만 누구도 내 경험을 대신할 수 없기에 철저한 준비가 필요합니다. 프랜차이즈 매장을 해보고 싶다면 직접 그 브랜드에서 파트타임으로라도 일해보고, 고깃집을 차리고 싶으면 직접 고기를 구워봐야죠. 창업을 계획하고 있다면, 그 전에 내 가게처럼 꾸릴 수 있는 매장에서 일하면서 직접 운영해보는 것이 가장 빠르고 확실한 준비입니다. 사장님이 가게에 없어도 그 매장을 운영할 수 있는 수준이 되어야 합니다. 남들보다 한발만 앞서거나 좀 더 신경 쓰면 결코 어려운 시도가 아닌데, 안타깝게도 실제로 이렇게 해봤다는 분들을 거의 만나지 못했습니다.

이렇게 말하면 '나도 그 정도는 할 수 있다'고 말하는 분들이 있습니다. 사장님이 자리를 비워도 아무 문제 없게 가게 운영을 잘한다는 것이죠. 여기서 또 하나의 오류가 발생합니다. '운영'이란 무엇일까요? 고깃집을 예로 들어봅시다. 대개는 손님이 오면 물을 갖다주고, 메뉴판을 건네고, 주문을 받고, 고기를 굽고, 계산을 하고, 손님에게 인사하고 테이블을 치우는 일들을 순차적으로 생각합니다. 그런데 '운영'이라 할 때 이 과정을 떠올렸다면 큰 착각입니다. 이는 손님이 들어오면서 자연스럽게 발생하는 기본적인 업무이지, 운영에 포함되는 것이 아닙니다. 운영은 이런 것입니다.

손님을 어떻게 우리 가게에 (다시) 오게 할 것인가?

매일 똑같은 일을 하는 직원을 어떻게 동기부여할 것인가?

고기를 굽는 직원에게 어떤 꿈을 심어줄 것인가?

꿈을 심어주지는 못해도 어떻게 계속 일하게 만들 것인가?

이것이 바로 가게를 운영하는 일이자, 창업자가 배워야 할 일이자, 사장이 해야 할 일입니다. 나아가 일하는 사장이라면 절대 놓지 말아야 할 생각의 주제입니다.

이 책은 이러한 이유로 태어났습니다. 이 책은 '일하는 사장을 위한 책'입니다. 물론 지금 사장이 아니어도 좋습니다. 직원으로 일하고 있다 해도 언젠가 내 가게를 차리겠다는 목표를 갖고 일한다면, 사장과 다르지 않다고 생각합니다. 사장이든 직원이든 예비 창업자든, 평생 '일하는 사장의 마음'으로 살겠다는 각오를 품은 분들이 읽어주시면 좋겠습니다.

일하는 사장이라는 표현을 굳이 쓴 이유는 저의 책이 히트를 보장하는 성공 스토리처럼 보이지 않았으면 하는 바람 때문입니다. 물질적인 성공도 중요하지만, 무엇보다 자신이 원하는 방향으로 사업을 끌고 가는 것이 진정한 성공 아닐까요. 대박보다 꾸준한 성장을 추구하는 사장님, 트렌디하기보다는 오래 가는 가게를 만들고 싶은 창업자, 공부하고 경험하는 사람만이 살아남는다고 믿는 미래의 사장님들, 안정적인 매출을 올리고 싶은 분들, 한

번 온 손님이 다시 찾는 가게를 만들려는 분들, 장사에서 사업으로 가기 위해 공부하는 사장님들… 모두 이 책을 쓰면서 떠올린 독자입니다.

글솜씨는 부족하지만, 직접 해본 사람의 이야기를 쓰고자 최선을 다했습니다. 오랜 시간 쌓아온 경험, 도전과 실패, 그리고 고민과 선택들을 거치며 제 안에 '자리 잡은 생각'을 담았습니다. 당장 오늘 살아남는 데 필요한 현실적인 전략도 전하고자 했습니다. 어려운 상황에서도 꾸준히 자기만의 속도로 나아가는 분들에게 조금이라도 도움이 된다면 더 이상 바랄 바가 없겠습니다.

나만의 브랜드를
만들다

1장

경험의
승부

브랜드는 만드는 게 아니라 '만나는' 것이다.

그만큼 운이 작용하는 영역이지만,

그 운을 잡게 해주는 건 평소에 쌓아둔 장사 체력이다.

장사를 잘한다는 것

지금은 청기와타운이라는 고깃집 브랜드를 운영하고 있지만, 내가 외식업에서 처음 접했던 아이템은 조개구이였다. 스물다섯 살이 되던 해의 일이다.

어릴 적부터 막연하게 장사에 대한 동경이 있었다. 호텔조리과에 진학한 것도 언젠가 내 가게를 해보고 싶어서였다. 그런 마음으로 호텔에 입사했는데, 처우는 좋았지만 일을 하다 보니 의문이 들었다. '나중에 창업을 해야 하는데 이곳에서 일하는 게 맞을까?' 요리는 배울 수 있어도 장사를 배울 수는 없을 것 같아서 호텔을 그만두었다. 그러고는 무작정 남대문시장으로 향했다. 지금이야

마음만 먹으면 장사를 배울 곳도 배울 사람도 많지만, 그 때는 어떻게 배워야 하는지 몰랐다. 애초에 '장사를 배운다'는 생각 자체를 못 했던 것 같다. 일단 몸으로 부딪쳐 보면 뭐라도 되겠지 싶어서 장사의 상징과도 같은 남대문시장에 갔다. 해보지 않았으니 어떻게든 경험을 쌓아야 한다는 생각뿐이었다.

남대문시장에 갔더니 스카프가 불티나게 팔리고 있었다. 앞뒤 재지도 않고 스카프를 1000만 원어치 사서 장사를 시작했다. 직접 손님을 상대하면서 나름의 실전전략도 하나씩 터득해갔다. 길거리에서 스카프를 구매하는 사람들은 품질을 따지기보다는 남들이 사는 걸 보고 따라 살 때가 많다는 걸 알게 되었다. 자유롭게 스카프를 매보게 하면서 최대한 많은 사람을 끌어모으기 위해 애를 썼다. 작전이 주효해 매대에 사람들이 끊이지 않았고, 거의 일주일 만에 준비한 스카프를 다 팔았다.

문제는 그다음이었다. 장사를 정말 잘했다고 생각했는데 나중에 정산해보니 수중에 900만 원밖에 남지 않았다. 경비, 교통비, 인건비, 악성재고까지 계산하니 돈이 남기는커녕 오히려 손해였는데, 그것도 모르고 신나서 파는 데만 집중했던 것이다. 잘 파는 게 전부가 아니라는 걸, 장사를 처음부터 다른 관점으로 접근해야 한다는 사실을 깨달았다.

넘어야 할 산이 너무 많아 보였지만 그만두고 싶지 않았다. 기회는 늦지 않게 찾아왔다. 어느 날 친구와 조개구이를 먹으러 갔던 것이 새로운 인생의 시작을 열어주었다. 장사가 잘되기로 소문난 식당이었는데, 직원이 직접 조갯살을 발라주면서 조개 종류를 친절하게 알려주는 모습이 인상적이었다. 갑자기 눈앞의 모든 것이 새롭게 보였다. 대학 시절 수업시간에 꾸벅꾸벅 졸면서 들었던 테이블 회전, 고객과의 접점, 테이블 단가 등이 머리를 스쳐 지나갔다. 그 순간 결심했다.

'여기서 장사를 배워야겠다! 손님이 많이 오는 집에서 일하고 싶다!'

이것이 내가 조개구이집에서 장사를 배우고 시작하게 된 사연이다. 배운다고 표현했지만 내 가게를 차리겠다는 다짐이 있었기에 처음부터 사장처럼 일했다. 손님 응대부터 일에 서툰 직원들 관리, 물건 입고와 납금, 신규 매장 오픈… 5년 동안 마치 내가 창업한 가게처럼 일하고 나니 그 사장님의 매장이 7개까지 늘어나 있었다. 그리고 서른 살이 되던 해, 모은 돈 1억 2700만 원을 들고 진짜 내 가게를 오픈했다. 이것이 내 장사의 시작이다.

사업가의 길을 동경하는 이들도 많겠지만, 그렇지 않은 이들도 많다. 우리 아버지만 해도 당시에 대학공부까지 시킨 아들이 잘 다니던 호텔을 그만두고 식당에서 일한다고 하니 속상한 나머지 내 전화도 받지 않으셨다. 나는 아들이 언젠가 식당에서 일한다고 하면 "네가 일하는 식당에 밥 먹으러 가도 될까?"라고 물어볼 것 같은데… 그러나 자식의 앞날을 염려한 아버지의 마음을 이해하지 못하는 바는 아니다.

외식업 사장의 길은 순탄하지 않다. 실물 경기의 직격탄을 맞는 것은 기본이고, 남들이 모두 쉴 때도 쉬기 어렵다. 돈은 벌어도 사장의 자리는 외롭다고 이야기한다. 모두 일리 있는 말이지만, 나는 막상 창업하고 나니 직원으로 일할 때보다 힘들지 않았다. 그 전에는 무언가 하고 싶은 게 있을 때마다 사장님을 설득해야 했는데, 이제는 내 뜻대로 하니 매출도 잘 나오고 이익도 더 남고, 성취감도 남달랐다. 당연히 하는 일마다 더 수월하고 즐거울 수밖에 없었다.

물론 직원일 때보다 힘들지 않았다는 것이지, 별 문제 없이 순탄하게 흘러갔다는 말은 아니다. 공사하던 가게에 불이 나기도 하고, 건물주에게 명도 소송도 당해보고, 3개월 만에 가게를 접기도 하고… 내 가게를 하며 겪을 수 있는 일은 웬만큼 다 겪은 것 같다. 그럴 때마다 세상에 힘들지 않은 일이 있을까, 그렇다면 내 선택으로 힘든 쪽이 낫다고 스스로를 다독이며 이 일을 계속해왔다.

내가 다른 분들보다 인내심이 있다거나 역량이 뛰어나다는 말이 아니다. 결국 장사는 자기만의 경험과 노력으로 승부를 보는 것인데, 너무 '보이는 것'에만 초점을 맞추고 있는 건 아닌지 생각해볼 필요가 있다는 것이다.

개인적으로 예비 창업자들을 만날 때마다 나중에 당신

의 창업 스토리를 인터뷰할 기회가 온다면 뭐라 말할지 상상해보라는 질문을 던진다. "제가 매장을 차렸는데 첫 매장부터 대박이 났고, 그다음 매장도 또 잘됐고, 그다음 매장도 또 잘됐어요." 이런 답변이 과연 가능할까? 아무리 사업의 고수라 해도 두 번째 브랜드, 세 번째 브랜드, 네 번째 브랜드까지 계속해서 히트시키기란 불가능에 가깝다.

처음 가게를 시작할 때는 누구나 마음에 품은 모습이 있다. 나도 마찬가지였다. 내가 상상한 그림대로 매장을 오픈하고 지인들이 하나둘 축하와 덕담을 건네며 들어온다. 그리고 손님들이 하나둘씩 들어오기 시작한다. 그렇게 가게 문을 열고 장사를 시작하는 순간 비로소 실감한다. '아, 내가 그린 계획은 망상이었구나….' 아무리 열심히 준비해도 현실에서 깨지고 배우기를 반복해가는 것이 장사다.

누가 대신 해줄 수 없는 일

"어떤 아이템으로 창업하면 좋을까요?"

강연에서도 사적인 자리에서도 종종 받는 질문이다. 간단히 말하자면 자신이 잘하는 혹은 잘 아는 것을 하면 유리하다. 그러나 이렇게 말하는 나는 정작 조개구이 가게에서 5년이나 일하며 여러 개의 매장을 운영했지만, 조개구이를 첫 번째 창업 아이템으로 삼지 않았다. 조개에 대해서라면 누구보다 빠삭하게 알고 있었기 때문이다.

조개는 수족관에 넣어두면 죽는 해산물이다. 그 즉시 원가 계산의 의미가 사라진다. 게다가 조개의 신선도는 매우 중요하다. 나는 조개를 만져보면 죽었는지 살았는지 바로 알 수 있다. 냄새만 맡아도 조개의 상태가 어떤지 감각적으로 바로 아는데, 경험이 부족한 사람들은 당연히 그러기가 어렵다. 결국 조개구이집을 운영하려면 사장인 내가 반드시 자리를 지켜야 하는데, 그래서는 매장을 2~3곳씩 운영하는 게 불가능하다는 계산이 나왔다. 가장 보편적인 음식이자 조금 더 포괄적인 상권을 확보할 수 있는 고깃집을 첫 번째 창업 아이템으로 택한 이유다. 다만 배운 것(해물)을 어떻게든 써먹고 싶어서 고기와 해물을 섞었다.

그래도 첫 번째 아이템으로 조개구이집을 하는 게 맞지 않나? 하나도 잘하기 어렵다고 했으면서 본인은 처음부터 두 번째, 세 번째 매장을 내겠다고 생각한 건가? 자신이 잘하는 걸 무기로 삼으라면서, 조개구이집에서 5년이나 일하고 고깃집을 차린 게 아깝지 않은가? 이렇게 생각하는 분들도 계실 것이다.

하지만 나는 단 한 번도 조개에 대해 배웠다고 생각한 적이 없다. 남들보다 조개를 접할 기회가 많았기에 자연히 습득한 지식이 있을 뿐이다. 내가 진짜로 배운 것은

'운영'이었다. 고객관리, 마케팅, 운영, 응대 등을 배웠지 원자재에 대해 배운 것이 아니다.

그런데 현장에서 일하는 많은 분들, 그리고 예비 사장님들을 만나다 보면 원자재에 너무 집착한다는 느낌을 받을 때가 있다. 물론 원자재는 중요하다. 양질의 재료로 만든 맛있는 음식이 환영받는 건 당연하다. 유명 셰프가 이름을 내건 매장에 손님들이 줄을 서는 데에는, 노포가 오랜 세월 명성을 유지하는 데에는 다 그럴 만한 이유가 있다. 하지만 유명 셰프가 운영하는 매장이나 축적한 시간으로 승부를 보는 노포는 창업 식당의 경쟁 상대가 아니다. 식당을 창업하고 운영하는 단계에서 우리가 주력해야 할 것은 따로 있다.

가령 족발을 기가 막히게 잘 삶는다고 누구나 장사에 성공할 수 있을까? 500만 원, 1000만 원을 내면 만능에 가까운 족발 레시피를 알려주는 곳들이 숱하게 많다. 물론 레시피만으로 음식 맛을 보장할 수 있는 건 아니지만, 내 요리 솜씨로만 승부를 봐야 하는 건 아니라는 이야기다.

반면 매장에서 일어나는 다른 일을 배우는 데에는 절대적인 시간이 필요하다. 배달시킨 족발을 먹고 치아에 문제가 생겼다며 손해배상을 요구하는 손님의 전화가 걸려 온다면? 잘만 응대했으면 별일 없이 넘어갔을 텐데 직원의 잘못된 응대로 분쟁이 커진다면? 아쉽게도 매장에서는 '손님이 음식을 맛있고 즐겁게 먹고 돌아가는 일'만 일어나지 않는다. 갑자기 월급 받을 계좌번호만 남기고 안 나오는 직원, 일하다 말고 아무 말 없이 도망가는 직원, 함께 일하던 동료들에게 거금을 빌리고 자취를 감추는 직원, 느닷없이 매장에 불이 난 경험, 건물주가 재계약을 해주지 않는 상황… 모두 내가 겪은 일이고, 남의 이야기 같지만 누구나 언제든 겪을 수 있는 일이다.

이런 상황에서 경영자는, 사장은 무엇에 집중해야 할까? 한마디로 누군가 대신 해줄 수 없는 일을 해야 한다. 장사를 하다 보면 온갖 사건사고가 수도 없이 일어나고, 불미스러운 사건을 해결하는 법은 하루이틀 만에 배울 수 없다. 오직 경험을 쌓으면서 실전에서 부딪쳐가며 익혀야 한다. 직원이 주방에서 일하다 칼에 손을 다쳤다고 치자. 당연히 빨리 병원에 가서 치료를 받아야 할 것이다. 병원 치료비에는 비급여와 급여 항목이 있는데, 다친 손을 꿰매는 것은 급여 항목이지만, 흉터를 방지하기 위해 미용적인 처치를 하는 것은 비급여 항목이다. 비급여는 산재처리가 되지 않고, 병원도 이 사실을 알다 보니 섣불리 비급여에 해당하는 조치를 하지 않는다. 이런 상황에서는 사장이 그 비용을 전부 부담해야 할까? 직원이 내야 할까? 아니면 절반씩 부담해야 할까? 정답은 없다. 이러한 일이 생길 것을 대비해 해결책을 미리 마련하고 공지하는 것 외에는. 장사란 그런 것이다.

장사는 사람을 써서 하는 일이라고 하는 분들도 있다. 맞다. 그러나 사람만 써서 되는 일은 없다. 사장이 먼저 솔선수범해야 할뿐더러, 어떻게 해야 할지 방향성도 제시해야 한다. 다른 사람을 써서 장사를 성공시키는 사람은 정말 상위 레벨, 고수 중의 고수에 해당하는데, 이 일을 하는 동안 그런 분들은 몇 명 만나지 못했다.

그렇다면 고수 중의 고수가 아닌 사람들은 어떻게 해

야 할까? 두 가지를 기억하면 좋겠다.

첫 번째는 사장 스스로가 '좋은 기분'을 유지하는 것이다. 뜬금없는 말처럼 들리지만 정말 중요하다. 내 기분도 관리하지 못하면서 상대방의 기분을 관리할 수 있을까? 자신의 기분을 관리하면서 다른 이들을 기분 좋게 만들 방안을 찾다 보면 그러한 마음이 '고객만족'으로 이어진다. 물론 실제 해보면 너무 어렵다. 현실에는 수많은 변수가 존재하기 때문이다. 그럼에도 반드시 유지해야 한다. 기분 나쁘고 당황한 상황에서는 어떤 판단도 현명하게 내리기 어렵다는 사실을 기억하자.

두 번째는 '상식'을 기억하는 것이다. 사실 운영을 잘하는 것은 상식을 지키는 일에 가깝다. 가령 바닥에 쓰레기가 떨어져 있으면 어떻게 해야 할까? 당연히 주워야 한다. 하물며 길가에 떨어진 쓰레기도 아니고 우리 매장 바닥에 있는 쓰레기인데, 10번이면 10번 다 줍는 게 맞다. 그런데 이렇게 당연한 상황에서도 쓰레기를 줍기는커녕 발로 차서 안 보이는 곳으로 숨기는 사람들이 있다. 부끄러운 이야기지만 흔한 일이다. 왜일까? 식당에서는 버려야 할 것들이 떨어져 있는 게 일상적이라 그렇다. 낯선 장면도 아니고 특별할 상황도 아니니 굳이 먼저 나서서 치우지 않는 것이다.

반면 쓰레기라고는 찾기 힘든 곳, 깨끗한 박물관의 대형 라운지에 생뚱맞게 단무지 한 쪽이 떨어져 있다면 어떨까. 발견한 직원이 바로 주울 것이다. 식당에서는 어떤 일이 벌어질까. 사장이 직원에게 쓰레기를 주우라고 시키면, 직원은 지나가는 아르바이트생을 불러서 다시 시킨다. 가만히 관찰해보면 식당의 80% 정도가 이렇다. 100개의 식당 중에서 사장이 먼저 쓰레기를 줍고 인사하는 곳은 10%, 100곳 중 10곳 정도에 불과하다.

가장 이상적인 자세는 '사장이 먼저 열심히 하면서 직원들에게 나만큼은 아니어도 나와 비슷하게는 하라'는 메시지를 전하는 것이다. 나는 만나는 사장님들에게 늘 정규 직원에게도 파트타임 직원에게도 많은 것을 바라지 말라고 강조한다. 그들은 우리의 일손을 조금이나마 덜어주기 위해 온 사람들이라 생각하면 마음이 편해진다. 사장이 100을 하고, 직원이 50을 하고, 아르바이트생이

25를 하는 조직에는 갈등이 불거질 일이 없다.

요즘은 다행히 사료도 개선되고 유통도 좋아져서 고기나 족발 같은 식재료가 상향평준화되어 있다. 즉 웬만한 곳이면 특별한 문제가 있지 않고서야 대체로 다 맛있다. 대신 상식을 지키는 운영은 맛있는 음식을 만드는 것 이상으로 어려워지고 있다고 느낀다. 쓰레기를 방치하는 상황을 일상으로 만들지 않는 것, 인사하지 않는 것을 일상으로 만들지 않는 것, 이 당연한 사실을 우리는 몸으로 부딪치면서 체득해야 한다. 이것이야말로 누가 대신 해줄 수 없는 사장의 일이자, 진정한 장사의 시작이다.

브랜드는 만드는 것이 아니라
'만나는' 것

등산을 한 지 5년쯤 되었다. 이런저런 생각이 많아질 무렵부터 본격적으로 산에 다니기 시작했는데, 산에 오르다 보면 등산도 사업처럼 각자의 스타일이 있다는 걸 알게 된다. 나는 천천히 갈지언정 도중에 앉아서 쉬지는 않는다. 정상에 오르면 오랫동안 앉아 풍경을 즐기고 내려올 뿐 인증샷을 남기지는 않는다. 애초 산꼭대기에 오르는 것이 목표가 아니었던 데다, 다시 내려와야 하니 정상에 선 것 자체에 큰 의미를 두지 않는 편이다.

사업을 할 때도 마찬가지다. 사업을 하다 보면 '정상'에 대한 의미가 모호해진다. 올라갈 때는 그냥 올라가고,

원치 않아도 눈앞에 내리막길이 있으면 내려간다. 최악의 상황에 그저 숨을 고르며 기다려야 할 때도 있다. 그때 쉬면 된다. 한창 올라갈 때 굳이 휴식하지 않는 이유다.

가게를 창업하고 정신없이 앞만 보고 달리던 내게도 예외 없이 '휴식' 같은 시기가 찾아왔다. 최악의 상황이 닥친 것은 아니었지만 인생의 목표를 되짚어보기 위해 반드시 필요했던, 전환점 같은 시간이었다.

5년간 식당 아르바이트 경험을 거친 후 감행한 첫 창업은 생각보다 순탄했다. 내가 누구보다 열심히 일한(그만큼 잘 아는) 지역에서 시작한 것도 꽤 유리하게 작용했을 것이다. 서른이라는 젊은 나이에 매달 안정적인 수익을 올리게 되었지만, 무언가 부족한 느낌이 가시지 않았다. 지금 버는 돈을 착실히 모아서 안정적인 삶을 살지, 아니면 또 다른 도전을 시작할지 고민하다 오래 망설이지 않고 후자의 길을 택했다.

순식간에 매장이 늘어났다. 족발집, 치킨집, 횟집, 삼겹살집 등 다양한 업종의 가게를 운영했는데, 그중에는 프랜차이즈 가맹점도 있었다. 영등포시장에서만 10곳의 가게를 운영했고, 모든 매장을 직접 관리하면서 평균 1억 원 넘는 매출을 올렸다. 그러나 별다른 방향성 없이 무작정 매장을 늘린 것이었기에, 기대와 달리 꿈을 이루었다는 벅찬 느낌이 들지 않았다. 물론 가게를 늘리는 만큼 돈을 더 많이 벌었으니 운도 좋았고 감사한 일이었지만, 나라는 사람은 무얼 하는 사람인지 자꾸 되묻게 되었다. 나름대로 성공했다고 자부하면서도, 어느 순간부터 내 소개가 길어지는 게 구차하게 느껴졌다.

"안녕하세요, 저는 영등포에서 가게를 운영하고 있습니다. 치킨집, 고깃집도 하고, 횟집도 하고 있어요⋯." 말할수록 왠지 자존심이 상하는 것 같고, 무엇보다 내가 무슨 일을 하는 사람인지 나조차 모를 지경이 되었다.

나를 한마디로 설명하고 싶었다. 아니, 설명이 필요 없는 사람이 되고 싶었다. 그게 바로 브랜드의 힘이라 생각했다. 일가를 이룬 선배들이 자신을 무심한 듯 짤막하게 소개하는 모습을 보며 감동 비슷한 자극을 받기도 했다.

그러던 차, 일을 좋아하는 아내가 건넨 한마디가 결정

적인 계기가 되었다. "그러지 말고 당신도 브랜드를 해보면 어때? 여러 매장으로 설명하는 대신 ○○을 운영하는 양지삼이라고 하면 좋잖아."

그때부터 산을 수십 번 오르며 생각하고, 차츰 가게를 줄여갔다. 나는 왜 브랜드를 만들고 싶은가, 십수 년 동안 일했는데 왜 브랜드를 만들지 못했나… 이 고민을 3년 넘게 붙잡고 답을 찾고자 했다.

장사하며 쌓은 경험이 때로는 브랜딩에 독이 될 수도 있다는 사실을 알았다. 얼마의 이익을 내려면 어느 정도 매출을 내야 하고 무엇을 해야 하는지 대략적인 흐름과 솔루션을 아는 터라 새로운 일을 시도하기 어려워진다. 나도 모르게 계산부터 하게 되는 것이다. 내 브랜드를 만들고 싶은 간절함은 물러설 곳이 없는 데서 나오는 것인지도 모른다. 그때부터 매장에 나가서 다시 손님을 응대하고, 지금까지 갖고 있던 생각은 내려놓고 고객들이 무엇을 원하는지 관찰하면서 나를 조금씩 수정해갔다.

먹고 사는 데 아무런 문제가 없었는데, 왜 가진 것을

내려놓으면서까지 내 브랜드를 만들고 싶었을까. 요즘 가끔 그 시절을 떠올릴 때가 있다. 나도 모르는 사이에 나만의 브랜드, 내 이름, 내 손님, 내 것에 대한 갈증을 느꼈던 모양이다. 물론 개인적인 갈증만으로 성공적인 브랜드를 만들 수는 없다. 강의를 하다 보면 1호점(그러니까 첫 매장)을 내서 안정 궤도에 접어든 분들에게서 예외 없이 나오는 질문이 있다. "첫 번째 매장이 어느 정도 안정적으로 돌아가고 있습니다. 이제는 2호점을 내보고 싶은데, 언제 내면 좋을까요?" 상황에 따라 다르겠지만 대부분은 단호하게 답한다.

"2호점 출점 시기는 여러분의 니즈가 아닌 고객이 정하는 것입니다. 웨이팅이 너무 길거나 피크타임에 자리가 없어서 다른 곳으로 발길을 돌리는 손님이 많아진다면 매장을 추가로 오픈할 시기입니다."

브랜드는 나 혼자 만드는 게 아니라 고객의 니즈와 '만나는' 것이다. 무엇보다 각자에게 알맞은 시점이 있다. 처음부터 내가 만들 브랜드의 밑그림을 그리고 컨셉을 정하는 사람들도 있겠지만, 장사를 시작할 때는 대개 생계

형 창업일 확률이 높다. 그래서 유명 브랜드의 가맹점 혹은 마진이 높은 아이템을 노리거나, 주거상권에서 소박하게 장사를 시작한다. 그렇게 경험을 쌓으며 안정적인 궤도에 접어들었을 때 비로소 '나만의 브랜드'를 한 번씩 그려본다. 이때는 고객이 아닌 자신과 생각을 주고받아야 한다. 나는 지금 무엇을 원하는가? 내가 지금 부족하다고 느끼는 건 무엇인가? 어떤 브랜드를 만들고 싶은가? 그것을 해낼 장사 체력이 있는가? 이들 질문에는 자신만이 답할 수 있다. 질문에 답할 수 있다면 내 브랜드를 만나러 갈 때가 온 것이다.

등산에서도 사업에서도 가장 중요한 것은 자기만의 속도다. 남의 뒷모습을 따라가면 힘들고 지쳐서 산을 오르기 어렵다. 빨라야 할 땐 빨라야 하고 느려야 할 땐 느려져야 한다. 그러는 와중에 사람들과 맞춰가며 내 속도를 찾아야 한다. 자신의 속도를 알고 조절할 자신이 생겨야 방향을 정할 수 있다.

누구를 위한 브랜드인가

핫한 브랜드를 만드는 노하우, 터지는 컨셉의 비결…
책에서도 사석에서도 유튜브에서도 빠짐없이 나오는 질
문이다. 잘나가는 브랜드를 만드는 노하우를 이론적으로
설명할 수 있는 사람이 있다면 사기꾼이거나 천재일 것
이다. 그만큼 정해진 공식보다는 운이 작용하는 영역이
지만, 운을 잡으려면 평소에 쌓아둔 장사 체력도 중요하
다. 아무리 컨셉이 독특하고 인플루언서들의 호평을 받
는다 해도 음식 맛이 떨어지고, 접객이 서툴고, 무엇보다
매장을 지속적으로 운영할 체력이 없으면 브랜드를 유지
할 수 없다.

물론 그렇다고 해서 '컨셉'이 중요하지 않다는 것은 아니다. 뒤에서 자세히 설명하겠지만, 컨셉은 카테고리 또는 영역 선점에 해당하기에 무척 중요하다. 나 역시 브랜드를 만들겠다고 마음먹은 후에 어떤 아이템을 컨셉화할지 고민을 시작했다. 오래 가는 브랜드가 목표인 만큼 완전히 새로운 것이 아니라 기존의 아이템에서 차별화를 꾀하기로 했다. 옛날에도 있었고 지금도 있고 앞으로도 있을 아이템, 그리고 투입 대비 매출액이 큰, 즉 객단가 높은 아이템을 하고 싶었다. 고민 끝에 '갈비'로 정했다. 당시 코로나19가 확산하는 바람에 모텔을 하려던 건물에 음식점을 넣기로 방향을 틀었는데, 그곳이 영등포에 있는 지금의 청기와타운 1호점(본사)이다.

새로운 시작에는 새로운 결심이 필요하다. 그동안 안 해본 아이템이 없을 만큼 다양한 업종의 가게를 운영한 터라 경험은 풍부했지만, 이번에도 혼자 힘으로 시작하면 그 전과 다를 바 없는 고만고만한 가게가 될 것 같아 전문가 집단과 협업해보기로 했다. 내 요구사항은 2가지였다. 1인분에 2만 5000원인 갈비를 특이한 컨셉으로 만들어줄 것, 가급적 갈비의 색감이 진했으면 좋겠다는 것. 이 2가지 외의 나머지는 모두 기획자의 재량에 맡겼다.

무엇보다 '갈비'라는 시그너처 메뉴와 이를 뒷받침할 공간의 컨셉이 중요했다. 전문기획자, 인테리어 전문가 등 여러 명이 함께 모여 아이디어를 내는 과정에서 'LA 한인타운 갈빗집'이라는 컨셉이 나왔다. 그때까지만 해도 나는 미국에 가본 적이 없어서 그게 어떤 모습인지 머릿속에 정확히 그려지지 않았지만, 이번에는 제대로 된 브랜드를 만들겠다는 열망으로 전문가들의 의견을 따랐다.

청기와타운의 초창기에는 인플루언서들이 마케팅을 주도했다. 오픈 초기에는 예약 시스템이 없어서 손님들이 현장에서 무작정 기다려야 했다. 줄 세우는 것도 일종의 전략이기에, 힙한 브랜드는 대부분 예약을 받지 않는다. 나 또한 대기줄을 만들고자 일부러 테이블 수를 늘리지 않은 적이 있다. 다행히 음식 맛도 컨셉도 합격점을 받으며 자연스럽게 바이럴이 됐다. 'MZ세대의 취향을 저격한 레트로한 분위기의 힙한 갈빗집'이라고 SNS에서도 화제가 되었고, 손님들의 웨이팅은 점점 길어졌다. 수입차를 타고 강남에서 온 커플, 핫플레이스와 독특한 경험을 즐기는 젊은 여성 고객들, 고깃집을 좋아하는 사람들까지 말 그대로 각양각색의 사람들이 찾아왔다.

당연히 기뻐할 일이었고, 겉으로는 별다른 문제가 없는 듯 보였으나, 아직 해결해야 할 무언가가 남았다는 느낌을 지울 수 없었다. 물론 모든 것을 완벽하게 갖추고 시작하는 식당은 없지만, 고심 끝에 시작한 브랜드인 만큼 이번에는 해결하지 못한 과제를 남기고 싶지 않았다. 나를 개운치 않게 하는 결정적인 무언가를 찾아야 했다.

나는 식당을 오픈하고 나면 손님들의 반응을 아주 사소한 것까지 유심히 관찰하는 편이다. 포스에 찍히는 매출보다, 줄을 서는 사람 수보다 훨씬 중요한 것이 음식을 드시고 나가는 손님들의 생생한 반응이다. 그래서 매출이 유독 높은 날에는 계산하는 손님을 붙잡고 음식 맛이나 가게에 온 이유를 반드시 물어본다. 그러던 어느 날, 음식을 먹고 가게를 나서는 젊은 여성 고객 두 분의 대화가 귀에 꽂혔다. "맛있긴 한데 우리가 먹기엔 너무 비싸네." 그날부터 머릿속이 복잡해졌다.

내가 잘되는 가게를 마다하고 브랜드를 만들려 했던 이유를 처음부터 되짚어보기 시작했다. 나는 청기와타운을 만들고 싶었던 게 아니라 '브랜드'를 만들고 싶었다. 원가가 낮지 않은 메뉴를 택한 것도 그 때문이었다. 청기와타운의 원가율은 약 45%다. 메인 메뉴인 갈비의 단가가 높은 데다 와인 가격도 낮게 책정해서 원가율이 좋은 편은 아니다. 마진을 많이 남기기보다는 장사를 오래 하고 싶었기에, 유행에 휩쓸리지 않도록 일부러 진입장벽을 높인 것이다. 2~3년 잘되는 식당보다 10년 넘게 잘되는 식당, 브랜드를 만들고 싶었다.

이 과정에서 놓친 것이 있었다. 누구나 차별화된 브랜드를 갖고 싶어 하고 이를 위해 많은 노력을 하지만, 그 과정에서 정작 누구를 위한 브랜드인지를 간과하게 된다. 어떤 사람이 우리 브랜드에 오면 좋을지 또렷한 그림을 그리지 않는 것이다. 20대부터 60대까지 찾아오는 식당, 기혼자와 미혼자, 자녀가 있는 사람과 아닌 사람, 남

녀노소 누구나 오고 싶어 하는 식당을 만든다면 과연 차별화에 성공할 수 있을까? 그런 브랜드가 세상에 몇 개나 될까?

며칠 동안 고민한 끝에 청기와타운과 결이 덜 맞는 고객에게까지 바이럴이 전달된 것은 아닐까, 정작 우리 브랜드를 좋아해줄 손님을 놓치고 있는 건 아닐까 하는 생각에 다다랐다. 나의 욕심이었다. 동시에 기뻐할 일이었다. 풀지 못한 문제를 발견했으니까.

단 한 명을 찾아가는 선택

"브랜드를 만들면 뭐가 좋은가요?"

이 역시 자주 받는 질문 중 하나다. 앞에서 브랜드의 장점은 오래 장사할 수 있는 것이라 했다. 그 이야기를 확장해서 해석하면, 가격을 올려도 손님이 떨어지지 않는다는 뜻이다. 물가는 오르는데 가격을 올리지 못한다? 가격을 올렸더니 손님이 안 온다? 그렇다면 아직 브랜드가 되지 못한 것이고, 다시 말해 지속적으로 매출을 내는 구조를 만들지 못한 것이다.

청기와타운 1호점 앞에 길게 줄지어 선 고객들을 보면서 '이들 중 누가 나중에도 우리 가게를 잊지 않고 찾아

줄 것인가' 생각하고 또 생각했다. 우리 브랜드를 좋아해
줄 단 한 명의 고객은 누구일까? 어디에서 답을 찾아야
할까 고민을 거듭하다 내린 결론은 결국 '나의 선택'이었
다.

사장은 선택을 하는 사람이다. 그 선택이 좋은 선택인
지 아닌지는 시간이 지나봐야 알 수 있다. 다만 선택의 기
준은 지금 정할 수 있다.

나는 '타깃'을 내 선택의 기준으로 삼았다. '우리 브랜
드에 누가 오면 좋을까?'라는 생각이 우리 브랜드의 본질
과 일치해야 했다. 갈비의 본질은 무엇인가? 갈비는 명절
을 대표하는 음식이다. 특별한 날이나 기억하고 싶은 순
간을 기념하고 축하하며 가족이 함께 먹는 음식이다. 그
렇다면 어쩌다 한 번 들르는 고객보다 의미 있는 날이면
주기적으로 찾아주는 손님들이 진짜 고객일 테다. 이곳
을 정말 좋아해주는 사람, 우리의 음식과 공간을 즐기는
우리의 팬들이 우리를 오래 가게 할 거라는 확신이 생겼
다. 그런 분들에게 연락이 오면 예약도 도와주고 사소한

서비스 하나라도 더 챙겨주며 정성을 다하기 시작했다.

브랜딩은 계속 길을 걸어야 하는 여정이다. 정해진 길은 없다. 내가 의도한 대로 길을 내면 된다. 줄을 선 수많은 사람 중에서 우리 가게에 다시 올 것 같은 손님이 누구인지 찾는 것, 그리고 그들에게 최선을 다하는 것이 나의 선택이자 브랜딩의 시작이었다.

"구매력 있는 30대 후반 및 40대 초반의 부부. 다섯 살, 여덟 살 정도 되는 두 자녀가 있고, 와인 아웃렛에서 쇼핑하거나 저녁마다 가성비 있는 데일리 와인을 즐길 정도의 여유가 있는 사람. 가끔 소갈비로 외식을 하며 아내를 집밥 스트레스에서 해방시켜주는 남편. 주말에 함께 와인을 마시며 일주일의 피로를 푸는 여유 있는 부부."

이런 라이프스타일을 가진 사람들을 주요 고객으로 상정했다. 이들을 타깃으로 놓고 관찰한 결과 청기와타운의 '브랜드 가이드'가 완성되었다. 브랜드 가이드라고 하니 거창해 보이지만, 그저 그들이 원하는 것이 무엇인지 떠올린 후 실행으로 옮기는 내용이다.

그때부터 웨이팅을 없애고 예약제 시스템을 도입했다. 4인 가족의 경우 외식이나 메뉴의 의사결정권은 대부분 '엄마'에게 있다. 아이와 함께 온 엄마들을 어떻게 해야 편하게 해줄 수 있을지 고민한 끝에 미역국 서비스를 내놓았다. 청기와타운에서는 아이들이나 생일을 맞은 고객에게 미역국을 대접한다. 아이를 키워본 사람이라면 알 것이다. 미역국 하나만 있어도 아이들에게 '한 끼'를 먹이기가 한결 쉽다. 아이들의 식사를 해결하고 휴대폰을 쥐여주고 나면 부모는 한숨 돌리는 심정이 된다. 그때부터 부부만의 외식이 시작된다.

와인 콜키지프리 또한 이러한 생각의 흐름 아래 도입한 것이다. 부부의 특별한 시간을 위해 좋은 와인을 한 병 챙겨와도 부담이 없고, 한 병에 2만~3만 원씩 콜키지를 내고 식당에서 와인을 마시느니 집에서 먹는 게 낫다고 생각하는 분들의 심리적 장벽도 허물 수 있다. 지금이야 콜키지프리를 하는 매장이 제법 보이지만, 당시에는 우리처럼 본격적으로 하는 곳이 많지 않았다. 그것도 갈빗집에서 말이다. 콜키지프리를 하면서 아예 매장의 전면

부에 와인을 진열해놓고 팔기 시작했다. 그것도 알려지지 않은 와인을 팔아서 마진을 남기기보다, 사람들이 다 아는 와인을 싸게 팔았다. 와인을 팔아서 돈을 벌겠다는 게 아니라, 우리 브랜드가 소주와 함께 먹는 갈빗집은 아니라는 무언의 메시지를 담은 것이었다.

"매장에 딱 한 자리가 남는다면, 당신은 누구를 손님으로 맞을 것인가?"

차별화의 시작은 이 질문에서부터다. 한 명만 잡으면, 나머지는 따라온다.

» 무엇을 빼고, 무엇을 남길 것인가

처음부터 빵빵 터지는 브랜드는 거의 없다. 당연히 브랜드를 키우고 만들어가는 데 공을 들여야 한다. 이 과정에서 '고객 관찰'은 필수다. 나는 고객 리뷰를 놓치지 않고 촘촘하게 읽어보며 숨은 의미를 파악한다. 청기와타운 초반에는 잠이 오지 않으면 고객의 영수증 리뷰를 새벽까지 읽기도 했다. 올라오는 리뷰만 보는 것이 아니라 손님에게 직접 무엇을 느꼈는지 물어보고, 뭔가 놓치는 게 있다 싶으면 특정인을 붙잡고 의견을 구하기도 했다. 내가 이 가게 사장인데 음식 맛과 접객이 어땠는지 물어보면 고객은 의외로 잘 알려준다. 심지어 사장이 오픈마인드라는 인상을 받으면 먼저 DM도 보내준다.

청기와타운을 오픈하고 나서 어느 때보다 손님들의 반응을 면밀하게 살폈다. 초반에는 음식 맛에 대한 평가가 각양각색이었다. '처음엔 맛있는데 금방 질린다, 갈비가 짜다, 갈비가 달다, 갈비가 조금 달다'… 어떤 분은 볶음밥이 맵다며 공깃밥을 추가해서 비비는가 하면, 어떤 분은 지금이 최고라며 절대로 바꾸면 안 된다고 했다. 맛뿐이 아니었다. 어떤 손님은 계산하고 나가면서 콜키지도 안 받으면 뭐가 남느냐고 너무 저렴하다고 했다. 반면 미국산 소갈비가 왜 이리 비싸냐고 따지듯 묻는 분도 계셨다. 그럴 때마다 주방에서 일하는 실장님에게 손님들의 엇갈리는 평을 전하곤 했다.

어느 날, 가만히 듣기만 하던 실장님이 씨익 웃으며 나에게 되물었다.

"그래서 대표님 생각은 어떠신데요?"

"글쎄요, 제가 보기엔 괜찮은데 말이죠."

"대표님이 맞다고 생각하면 대표님 입맛에 맞는 사람이 모일 때까지 좀 기다리셔야지, 너무 자주 맛을 바꾸면 안 돼요."

'아, 그렇지⋯.' 한 대 얻어맞은 기분이었다. 그때부터 '나'를 기준으로 삼았다. 나라면 점수를 줄 것과 그렇지 않을 것을 구분하기 시작했다. 돼지고기는 반찬이 짜야 한다. 돼지고기와 적당히 짭쪼름한 반찬을 곁들여 먹어야 궁합이 좋다. 반면 소갈비는 메인 메뉴이자 주식인 동시에 그 자체로 반찬 역할을 한다. 갈비와 곁들여 먹는 반찬은 새콤하고 달아야 한다. 그러한 기준 아래 맛을 잡아가기 시작했다.

브랜딩에서 가장 어려운 것은 '빼는' 작업이다. 나는 매장을 오픈하고 3개월쯤 되면 블로그에 올라오는 리뷰와 사진들을 전체적으로 체크해본다. 그때쯤에는 빼도 될 것들이 눈에 들어온다. 타깃을 분명히 하라고, 고객 한 명만 남기겠다는 마음으로 타깃을 설정하라고 했지만 조금이라도 더 많은 손님을 끌어들이고 싶은 것이 인지상정이라, 덜어내는 데에는 훈련이 필요하다. '도대체 무엇을, 어떻게 뺄 것인가?' 그 브랜드를 가장 잘 알거나 많이 본 사람이 기준을 정해야 한다. 결국 사장이 할 일이다. 무엇을 빼야 하는지 사장이 찾아내야 하고, 그 발견은 고민의 양과 비례한다.

청기와타운은 코로나19가 본격적으로 퍼지던 시기에 창업하고 성장한 브랜드다. 영업시간과 집합인원 제한이라는 '제약'이 더해졌기에 무엇을 빼고 무엇을 남길지에 대한 고민이 더 깊어질 수밖에 없었다. 하지만 제약 덕분에 외려 기준이 명확해졌다. 손님이 줄어들 수밖에 없는 만큼 성과지표를 고객 수가 아닌 테이블 단위로 바꾸고, 여유 시간은 직원 교육이나 서비스를 개선하는 데 썼다. 처음에는 오후 4시부터 자정까지 영업하는 주점 형태로 바꿀지 고민하기도 했지만, 영업시간 규제가 이어지면서 점심 장사를 시작했다. 그렇게 식사 위주의 공간으로 체질개선을 한 것이 훗날 성장의 기폭제로 작용했다. 우리가 잡고 싶은 타깃의 라이프스타일과도 맞아떨어졌다.

우리 가게에 다시 와줄 단 한 명만 잡는다고 생각하고 치밀하게 공략하면, 자연히 그 한 명과 비슷한 사람들도 오게 되고, 그들이 모여 우리 브랜드의 코어 고객이 된다. 신메뉴가 출시되거나 이벤트를 할 때 자연스럽게 홍보에 나서는 것도 이들이다. 이들을 케어할 수 있으면 최고다. 단톡방이 있어도 좋고 그들을 따로 부르는 이름을 붙여도 좋다.

그런데 우리는 정작 어떤 사람을 모을지는 보지 않고 하드웨어만 벤치마킹한다. 청기와타운에서 콜키지프리 정책을 고집한 이유는 그에 맞는 타깃을 염두에 두고 한 것이지, 와인이 인기여서가 아니다. 안주나 술 대신 미역국을 서비스로 주는 것 또한 타깃에게 필요한 음식이기 때문이다. 우리 브랜드를 즐겨 찾는 이들이 어떤 차를 타고, 평소에는 무엇을 즐겨 먹고 어디에 자주 가는지, 어떤 행동을 하는지 관찰하고 그들이 좋아하는 것을 자꾸 만들어줘야 한다. 그것이 쌓여 그들이 우리 가게에, 우리 브랜드에 와야 하는 이유가 된다.

청기와타운은 자본도 있고 컨설팅도 받았으니 이러한

시도가 가능한 것 아니냐고 생각할 수도 있을 것이다. 하지만 태어나자마자 브랜드로 인식되는 브랜드는 없다. 브랜드는 후행이다. 브랜드가 되었는지 아닌지를 판단하는 것은 우리가 아니라 '고객'이다. 그런데도 많은 사장님들이 '누구에게 브랜드로 인식되고 싶은지'는 생각하지 않고 그냥 좋은 브랜드, 잘나가는 브랜드가 되기만을 원한다. 그 결과 남들과 비슷한 것을 하니 마케팅을 해도 효과가 없고, 그러다 보니 자꾸 비용을 더 쓰게 되고, 비용을 쓰다 보니 원가가 높아지고, 어쩔 수 없이 가격을 높이게 되고, 그러다 손님이 떨어지면 장사가 어려워지는 지경에 이른다. 누가 나의 진짜 손님인가, 누구를 위한 브랜드를 만들 것인가. 그 답은 외부에 있지 않다. 바로 나에게 있다.

나만의 콘텐츠가
'나만의 시장'을 만든다

2024년 초, 외식업체의 벤치마킹을 겸해 상하이에 다녀왔다. 다양한 곳을 둘러보았는데 그중에서도 200여 개의 직영점을 보유한 '헌지우이치엔'에서 먹은 저녁이 유독 기억에 남는다. 간단히 말하자면 이 식당은 그동안 내가 알고 있던 양꼬치가 아니라 전혀 새로운 분위기의 '브랜드'로 다가왔다.

맛있는 양꼬치 하면 떠오르는 이미지가 있는가? 좋은 숯에 구워내는 질 좋은 양고기? 칭타오 맥주가 어울리는 맛? 각자 경험에 따라 차이는 있겠지만, 무심코 생각하기에 양꼬치가 고가의 음식은 아닐 것이다. 양꼬치의 본

고장 중국에는 길거리에 양꼬치를 파는 노점이 수두룩하다. 우리가 아는 양꼬치는 비싸지 않은 가격으로 부담 없이 먹는 음식이다.

그런데 이 브랜드에서는 '내가 외식을 하고 있구나' 하는 느낌을 받았다. 그만큼 특별한, 그곳만의 분위기가 단번에 느껴졌다. 우선 1500×1000mm는 될 법한 대형 테이블이 눈에 들어왔다. 테이블 사이즈 이야기가 나왔으니 하는 말인데, 줄자는 외식업자의 필수 아이템이다. 요즘은 스마트폰으로도 사이즈를 잴 수 있지만, 예전에는 공간감을 측정하기 위해 늘 줄자를 갖고 다녔다. 매장의 첫인상을 결정하는 것 중 하나가 바로 '공간감'이기 때문이다. 아이들이 밥을 먹고 있는데 옆자리 손님이 "저기요, 의자 좀 당겨주실래요?"라고 양해를 구하는 상황이 발생하지 않게 하려면 이러한 '감'을 익혀야 한다. 매장이 작아서 옆자리 손님과 가깝게 붙어 앉을 수밖에 없는 상황도 있겠지만, 매장이 충분히 넓은데도 배치를 잘못해서 손님이 불편을 느껴서는 안 된다. 그것이 공간감이다. 우리 매장이 고객에게 어떤 분위기로 다가가는지, 편안함을 주는 공간인지 늘 점검해봐야 한다.

서론이 길었다. 무슨 이야기를 하려는가 하면, 장사의
아이템도 중요하지만 무엇을 파느냐보다 '어떻게' 팔지
에 집중하자는 것이다. 웨이팅이 필수일 만큼 장사가 잘
되는 헌지우이치엔은 양꼬치라는 지극히 평범한 아이템
을 '다르게' 팔고 있었다. 이 가게에서는 중국의 길거리
음식인 양꼬치를 직원이 와서 일일이 구워주는 접객을
한다. 이것만으로도 저렴한 서민 음식이 근사한 외식 아
이템으로 변신한다. 양꼬치를 찍어 먹는 큐민도 개별 포
장되어 위생적이다. 고기 앞의 뜨거운 열기를 막기 위해
쿨링패치를 나눠주는데, 손님들이 전부 이마에 똑같은
패치를 붙이고 먹으니 그 자체로 마케팅 요소가 된다.

많은 사람들이 잘나가는 브랜드의 아이템이나 마케팅
을 따라 하곤 한다. 그럴 의도가 없었다 해도 유행하는 것
들을 계속 보다 보면 나도 모르게 따라 하게 된다. 그걸
비난하는 게 아니다. 하지만 그 브랜드를 기획한 배경과
생각을 벤치마킹해야지, 눈에 보이는 것만 똑같이 카피

해서는 바이럴이 일어나지 않는다. 만일 누군가를 따라해서 똑같이 잘된다면 무조건 하라고 할 텐데, 이미 누군가 쓰고 있는 카드나 쓰다 버린 카드는 알고리즘의 원리상 터지지 않을 확률이 높다. 나 역시 남의 것을 베껴보기도 하고 새롭게 해보기도 했는데, 확실히 나만의 것이 있어야 터진다.

핵심은 콘텐츠다. 유능한 마케팅 업체를 만나는 것도 중요하지만 창작물(인테리어, 음식)을 달라 보이게 만드는 것은 결국 브랜드의 몫이다. 일례로 청기와타운에서는 '갈비 색'을 남다르게 하려고 노력했다. 물론 손님들에게 맛있고 좋은 음식을 제공하는 건 필수조건이다. 다르게만 만들어놓고 차별화라고 우겨서는 안 된다. 좋게 만들되, 달라야 한다. 이때의 다름은 '파는 방식'까지 포함한다. 어떤 분위기에서 팔 것인가, 어떤 컨셉을 취할 것인가는 물론이고 직원의 서비스, 메뉴, 영업시간, 서비스 정책까지, 매장에서 일어나는 모든 일이 콘텐츠고 메시지다.

우리 브랜드만의 콘텐츠가 있어야 한다고 하면 괜히

어려워하며 한발 물러서는 분들이 있다. 우리 매장은 그리 특별한 게 없는데 어떤 콘텐츠를 만들어야 하냐는 것이다. 기존 제품보다 조금만 더 낮게 하고 광고비를 투자해 시장을 장악하는 쪽이 효율적이라 말하는 분들도 있다. 틀린 말은 아니지만, 이는 나를 위한 것이라기보다 그 컨셉을 최초로 개발한 이를 위한 것이다. 결국 '이득'은 그쪽으로 돌아가게 돼 있다. 그러므로 자금이나 노동력을 투여하기 전에 우리만의 콘텐츠를 만드는 데 더 많은 에너지를 써야 한다. 이렇게 시작해보면 좋다. 내가 처한 상황을 돌아보자. '내 아이템의 경쟁자가 존재하는가? 존재한다면 누구인가?'

청기와타운에 오는 손님들은 와인을 비교적 낮은 가격에 구매할 수 있다. 소매점과 엇비슷한 가격이다. 와인을 낮은 가격에 파는 이유는 다른 갈빗집과 경쟁하기 위해서가 아니다. 어차피 콜키지프리를 이용하는 손님도 적지 않고 와인을 팔아봐야 마진은 거의 남지 않는다. 마트 가격에 와인을 팔기 시작한 것은, 식당이 제조판매점이 아니라 소매유통업으로 변하고 있음을 체감했기 때문이다. 인플레이션과 인건비 상승으로 식당의 마진율이 소매유통업과 비슷해지면서 우리가 경쟁할 시장이 변화한 것이다. 이것이 청기와타운에서 와인을 저렴하게 판매하는 이유다. 누구와 경쟁하는지를 정의하면 우리만의 콘텐츠를 구상할 수 있고, 우리만의 콘텐츠가 있어야 주인 없는 시장에 먼저 진입할 수 있다. 'Marketing=Market+ing'라는데, 시장을 뒤흔들며 나만의 시장을 만들어가는 것이 바로 사장의 일이다.

거창한 일이 아니어도 좋다. 가령 요즘 외식업에서 잘 나가는 사장님들 그리고 오너 셰프들을 보면 SNS에서 자기만의 컬러를 드러내며 팬층을 쌓는 데 열심이다. 아예 인플루언서로 시작했다가 외식업에 뛰어드는 분도 있고, 맛집을 순례하는 먹스타그램 계정으로 시작해 수만 팔로어를 거느린 분들도 있다. 나 역시 SNS를 해야겠다고 생각은 했지만, 사진도 잘 못 찍고 인스타그램도 늦게 시작한 터라 그런 계정들 사이에서 주목받을 확률은 지극히 낮다고 보았다. 그래서 올리기 시작한 것이 '장사 이야기'

였고, '무물보'라는 컨셉의 라이브였다. 인플루언서에 비하면 유명한 건 아니지만 '400억 매출을 올리는 전직 식당 알바생 이야기'라는 컨셉으로 나름대로 의미 있게 SNS를 운영하고 있다. SNS로 교류하면서 많은 걸 배우기도 한다. 이렇게 일상에서 나만의 자리를 찾아가다 보면 자연스레 또 다른 콘텐츠가 생기고 시장이 생긴다.

또 하나, 빠트릴 수 없는 전제가 있다. 체력 없이는 콘텐츠가 존재할 수 없다. 무엇을 하든 체력이 먼저다. 12시간 내내 서빙해본 적도 없으면서 생생한 식당 콘텐츠를 만들 수 있을까? 체력이 있어야 경험을 쌓고, 콘텐츠를 만들든 직원을 관리하든 자신의 매장을 꾸려갈 수 있다. 시시한 말처럼 들릴지 모르지만, 콘텐츠도 벤치마킹도 고객관리도 결국 '체력'에서 시작된다.

경험을 습관으로, 습관을 성과로

돈을 모으는 데도 체력이 필요하다

배달사업을 했는데 생각보다 수익률이 낮아서 홀 매장에
도전하려는데 자금이 부족하다는 사장님의 고민을 들은 적이
있다. 흔하게 일어나는 일이다. 야속하게 들릴지 몰라도 그럴 땐
뾰족한 해결책이 없다. 너무 빨리 돈을 벌려는 마음, 너무 빨리 뭔가
이루려는 마음이 앞서는 것이다. 급하게 무언가를 이루려 하지 말고
무조건 돈부터 모아야 한다. 나 또한 식당을 차리겠다는 목표를 세운
후로는 5년 동안 죽어라고 돈을 모았다.
다행히 그렇게 쌓은 장사 체력은 절대 사라지지 않는다. 나중에 큰
비즈니스를 할 때 모두 도움이 된다. 방법은 만들어내는 게 아니라,
그냥 하다 보면 떠오르는 것이다. 지금 그 밑천이 될 경험을 쌓는다
생각하자. 괜히 자신을 탓하지 말고 1~2년 늦게 성공한다 생각하고
착실히 돈부터 모으시길 권한다. 말처럼 쉬운 일은 아니지만, 이 일을
해낸다면 세상에 무서울 게 없을 것이다.

작은 운을 쌓는 연습

스물다섯이 되었을 때였다. 일은 계속 하는데 통장에 돈이 모이지 않았다. 5년이 지나도 10년이 지나도 똑같은 삶을 살 것 같다는 생각이 들었다. 그래서 내가 돈을 어디에 쓰는지 일일이 적어보았다. 담배 사는 돈, 담배 사러 가서 집어든 아이스크림 하나, 과자 하나, 옷 사는 돈, 돈도 없으면서 주변 사람들 챙긴다고 밥 사는 일… 그런 것들을 하나씩 줄여가다 보니 그제야 주머니에 돈이 남기 시작했다. 우선 작은 돈이 있어야 그다음에 더 큰 돈을 만들 수 있다. 하루아침에 1억, 2억을 벌 수는 없다. 돈을 '운'으로 바꾸어보자. 아주 작은 것들이 쌓여서 운이 만들어지고, 그 운 덕분에 사업이 잘되기도 한다. 운이 쌓이고 실력이 쌓여야 찾아오는 운을 잡을 수 있다. 도대체 나는 운이 없는 것 같다면? 작은 운부터 차곡차곡 쌓아보자.

사장처럼 일하면 오너가 된다

첫 월급이 130만 원이었다. 돈을 빨리 모아야겠다는 조급함에 낮에는 또 다른 파트타임을 구해 투잡을 뛴 적도 있다. 그랬더니 몸에 탈이 났다. 일하는 시간을 늘려서 돈을 모으는 게 아니라 질적으로 성장해야겠다고 마음먹었다. '사장보다 더 사장처럼 일하자'고 결심했다. 다른 사람을 위해서가 아니라 나를 위해서였다. 지금 생각해보면 무언가를 바라서 그렇게 했다기보다, 매일 똑같이 되풀이되는 일들이 너무 지루해서 스스로 재미를 찾겠다는 마음이 컸던 것 같다. 한 번 온 손님을 반드시 다시 오게 하는 게 목표였고,

그 손님이 누군가를 데리고 오면 실망시키지 않으려 애썼다.
신기하게도 그렇게 일하니 시간도 더 빨리 가고 월급은 계속 올랐다.
여기저기서 같이 일해보자는 제안이 들어오니 사장님이 월급을
자꾸 올려주셨다. 나중에는 사장님이 매장에 나오지 않는 날이 점점
많아지면서, 자연스럽게 가게 운영을 맡게 되었다. 어찌 보면 월급
받으면서 가게 운영 노하우도 익힌 셈이라 감사하게 생각한다.

용기가 필요한 순간

2011년에 아버지가 돌아가셨다. 슬프고 허망했다. 삶에 정해진
시기나 순서는 없다는 생각이 들었다. 당시 조개구이집 영등포점
점장을 하고 있었는데, 더 이상 꿈을 미루면 안 되겠다 싶어서 첫
가게를 열려고 모아둔 1억 2700만 원을 몽땅 쏟아부어 창업을
했다. 두렵지는 않았다. 내가 일했던 조개구이집은 늘 웨이팅이
있는 맛집이었으니까. 그곳에서 손님을 응대하고 조개를 구워주는
기본적인 업무 외에 직원 교육, 재료 납품 관리 등 실질적인 운영까지
맡아서 했다. 어렵지는 않았다. 직원일 때부터 사장처럼 일했으니까.
그렇게 나는 일하는 직원에서 일하는 사장이 되었다.

성과를 내고 싶으면 습관부터

사업은 성과를 내는 일이다. 성과를 만드는 가장 빠른 길은 다름 아닌 '습관'이다. 알다시피 습관은 시간이 든다. 처음부터 욕심을 부리면 습관으로 남지 않는다. 무슨 일이든 천천히 즐기다 습관이 붙으면 그때부터 조금씩 성과를 내보자. 처음 산에 가면서 정상에 오르겠다는 욕심이 앞서면 오버페이스를 하게 된다. 그 바람에 정상에 빨리 오르지도 못할뿐더러 자칫 등산 자체에 흥미를 잃기 쉽다. 모임에서 등산 약속이 잡히면 비 오라고 고사 지내던 내가 지금은 눈만 뜨면 세수도 안 하고 산에 가는 이유도 첫 등반이 성공적이어서는 아니다. 첫 등산은 오히려 실패였다. 그래도 포기하지 않고 아침마다 산책하듯 산에 다니면서부터다. 습관이 된 것이다.

어디서 일하면 좋을까

어디서 일할 것인지에 대한 결정은 창업만큼이나 중요하다. "주위에 어떤 가게들이 장사가 잘되지?" 이런 호기심을 갖고 손님이 많은 가게도 가보고, 그렇지 않은 곳들도 가보면서 데이터를 쌓아보길 바란다.
우선은 정말 하고 싶은 업종을 정하자. 중국집을 차리고 싶으면 중국집에서 일하고, 고깃집을 차리고 싶으면 고깃집에 가야 한다. 장사가 잘되어 바쁜 가게라면 더욱더 좋다. 배울 게 그만큼 많기 때문이다. 사장이 나오지 않아도 문제없을 만큼 가게 운영을 파악했다면, 사장의 시각으로 가게 전체를 보게 됐다면, 그때가 창업하기에 가장 좋은 타이밍이다.

가장 먼저 정할 것은 결정의 기준

누구나 매 순간 결정을 내리며 살아간다. 창업을 하겠다는 큰 결정일
수도 있고, 인간관계에서 어떤 자세를 취할 것인가 하는 개인적인
결정일 수도 있다. 문제는 결정을 자꾸 미룬다는 것이다. 결정을
일부러 하지 않는 것 또한 결정일 수 있지만, 빠르고 정확하게
결정해야 하는 순간에도 결정하지 못하는 이들을 많이 본다. 특히
사장으로서, 리더로서의 결정에서 그렇다.

사업에서든 인생에서든 결정의 기준은 단순하다. '내가 정말 원하는
것이 무엇인가?' 이것이 기준이 되어야 한다. 만약 무엇을 원하는지
모르겠다면, 차선책의 결정 기준을 생각해봐야 한다. 예를 들어
창업을 할까 말까 고민할 때는 무엇이 결정 기준이 될까?

하고 싶으면 그냥 할 것인가, 자료를 찾아보고 결정할 것인가, 가족의
말을 듣고 할 것인가, 아니면 먼저 창업한 사람의 말을 듣고 결정할
것인가, 내가 창업할 업계에서 일을 해보고 분위기를 파악하고
결정할 것인가? 무엇이든 자기만의 기준을 정해야 한다. 그래야 설령
좋지 않은 결과를 맞더라도 배우는 게 있다. 최소한 그때 그런 결정을
하고 싶지 않았는데 등 떠밀리듯 억지로 결정했다는 말은 하지 않게
된다. 가장 피해야 하는 것은 '근거 없는' 결정이다.

100만 원을 쓴 게 아니라
900만 원을 번 것이라는 마음가짐

무물보(무엇이든 물어보세요)를 주기적으로 하고 있다.
주기적이라기보다 후배들이 가게를 오픈하거나, 나에게 조언을
구하는 분들이 많을 때 한자리에 모아놓고 대화하는 형식으로
진행한다. 내가 만든 자리이니 비용은 물론 내가 부담한다. 사업도
바쁜데 굳이 사비를 써가면서 왜 하는 거냐고 묻는 분들이 많다.
오픈하는 매장을 축하해주려는 의도는 알겠지만 그렇게 수백만 원씩
쓰면서 할 일인지 의아해하는 것이다. 글쎄, 효과와 효율의 차이가
아닐까 생각한다. 굳이 안 써도 되는 돈을 썼으니 효율이 떨어지는
지출을 했지만, 나를 지지해줄 든든한 팬이 생겼으니 얼마나
효과적인가. 내가 궁금증도 풀어주고 밥도 사주었으니 그 자리에
오신 분들이 앞으로 청기와타운을 얼마나 지지해주고 편을 들어줄지
안 봐도 알지 않겠나.
비용 이야기가 나온 김에 우리가 '브랜딩'이라는 이름으로 쓰는
비용의 몇 퍼센트가 고객에게 직접 전달될지 가늠해보자. 가령 40명
정도가 '무물보' 같은 자리에 참여했다고 치면, 개개인의 인스타그램
스토리를 통해 많은 이들에게 전달될 것이고, 그렇지 않다 해도
시간이 흐른 후에 그 자리에 참석했던 순간을 특별하게 기억할
것이다. 관점을 바꾸어보자. 외식업계에서 나름의 비전을 갖고
열심히 일하며 영향력도 있는 분들을 한자리에 모아놓고 1시간 동안
회사 설명회를 한다면 비용이 얼마가 들까? 돈 자랑하려고 100만
원을 쓴 게 아니라, 최소 900만 원을 번 것이라는 마음가짐으로 하는
일이다.

한 번만 온 손님은 없다

"가격을 올리지 못하는 브랜드는 죽어요. 가격을 올렸을 때 고객 수가 떨어지는 브랜드도 죽어요. 외식업의 핵심은 가격을 올려도 고객의 숫자를 유지하는 것이에요. 이러한 관점에서 나의 고객을 어떻게 설정하고 어떻게 포지셔닝할지 끊임없이 생각하는데, 저는 그것을 '와인을 마시는 사람'으로 설정했어요. 적정 마진율을 잡고 시작해도 매년 물가상승률을 반영하면 마진율은 점점 떨어져요. 그래서 저희가 가격을 올려도 와인 마시는 손님들은 우리 매장을 계속 찾게 만들어야 합니다. 돈 벌려고 하는 건데, 장사를 10년은 해야 하잖아요?"

모 플랫폼 회사의 강연에서 한 이야기다. 결국 사업을 하려면 내 가게를 찾은 손님이 다시 와야 할 이유가 필요하다. 가격이 올라도 고객이 다시 올 수 있도록 만들어야 한다. 재방문을 유도하지 못하는 브랜드는 사라질 수밖에 없다. 궁극의 장사 비결은 '한 번만 온 손님은 없다'이다.

브랜드를 만들고 싶다면 수입을 '0'으로

브랜드를 만드는 가장 큰 이유는 바로 '지속가능성'이다. 10년 후에도, 수십 년 후에도 남아 있을 가게를 위해 브랜드를 만드는 것이지, 돈을 버는 것이 브랜딩의 첫 번째 목표가 되어서는 안 된다. 제대로 된 브랜드를 만들려면 경제적, 시간적 투자가 필요하기에 그만큼 절박해야 한다. 나는 절박함을 잃고 싶지 않아서 아예 내 수입을 '0'으로 만든 후에 처음부터 다시 시작했다.

매출을 올리는
구조 만들기

2장

장사의
실전

초기 1년은 가게의 체력을 기르는 시간이다.

돈을 벌 생각은 한 발짝 뒤로 미뤄놓아도 좋다.

어쩌면 그래야 돈을 벌 수 있다.

손익분기점이 가장 중요한 시기지만,

그보다 더 중요한 것은

가게를 지탱해줄 코어 고객을 만드는 일이다.

잘 파는 식당의 컨셉은
'고객의 언어'에서 나온다

학창 시절 나름대로 수업도 착실히 듣고 시험 전날에는 범위를 빠르게 훑으며 모두 외웠다고 생각했는데, 막상 시험지를 받으니 기억이 나지 않아 당황한 경험이 있을 것이다. 식당을 운영하거나 사업을 기획할 때도 사정은 다르지 않다. 겉보기에는 정해진 프로세스가 있는 것 같은데, 실행에 옮기는 순간 예상치 못한 상황을 맞곤 한다. 그렇기에 철저한 준비와 생각의 시뮬레이션이 필요하다. 기획 후보지 선정, 공사 진행, 매뉴얼 발주, 테스트 오픈, 타깃 설정, 마케팅처럼 명료하게 정리되는 개념들도 하나하나 뜯어보며 체계적으로 접근해야 한다.

하지만 현실의 우리는 가게를 오픈하는 과정에서 의외로 감성적인 판단, 이른바 '감'에 의존하는 경우가 많다. '집에서 가까운 곳에 열어라' 내지는 '큰 상권에서 시작해야 한다'는 식의 조언도 이와 크게 다르지 않다. 물론 일하면서 쌓은 경험에서 얻은 원칙(조언)이겠지만, 그 이유와 방법을 체계적으로 설명하지 못하면 그것은 개인적인 감 또는 노하우에 머물 뿐 일반화할 수 있는 '일'로 이어지지 못한다. 일을 문서화해야 하는 것도 이 때문이다. 내가 가진 지식을 다른 사람에게 전수하려면 말만으로는 한계가 있다. 계획표와 매뉴얼 등 일관성 있는 체계를 갖추어야 한다. 그래야만 개인 식당이 기업화된 식당으로 발전할 수 있고, 단순한 가게 운영을 넘어 체계적인 기획과 운영방식을 만들어갈 수 있다.

가게 오픈을 준비하면서 언어화된 가이드가 '오픈 맵'이다. 오픈 맵은 후보지 선정부터 공사 진행, 마케팅에 이르는 모든 과정을 날짜별로 나열한 세부 계획서를 말한다. 내부에서 중요한 자료로 요긴하게 활용하고 있지만, 평소에 특별히 언급하지는 않는다. 중요하지 않아서가 아니다. 오늘 점심으로 김치찌개를 시켰는데 그때 공깃밥도 같이 먹었다고 말하지 않는 것처럼, 이미 모든 과정에 자연스럽게 스며들어 있기에 굳이 언급하지 않는 것이다.

초보 사장들 중에는 '내가 저 식당보다는 잘할 것 같은데, 나도 저런 메뉴를 해볼까?' 하는 막연한 생각으로 식당을 오픈하는 분들이 적지 않다. 그러고는 오픈한 순간부터 판단의 오류를 하나씩 깨닫게 된다. 오래전 일이긴 하지만 내게도 부끄러운 경험이 있다. 단순히 수입 냉장육을 싸게 팔면 잘되겠다는 생각으로 삼겹살집을 열었는데, 오픈 첫날 고기 맛이 형편없어서 급히 국내산 고기로 변경한 적이 있다. 그때 깨달은 것이 기획과 디테일의 필요성이었다.

≫ 모든 것의 '기준점'은 컨셉

물론 기획과 디테일이 모든 걸 해결해주지는 않는다. 아무리 모든 것을 세세하게 정한다 해도 실행단계에 들어서면 달라지는 것투성이다. 그럴 때 명확한 '기준점'이 있어야 한다. 이러한 기준점이 되는 것이 컨셉이다. 외식업에서 컨셉은 단순히 인테리어나 메뉴의 스타일을 넘어 브랜드 정체성을 명확히 하는 기준점 역할을 한다. 쉽게 말해 컨셉은 '우리 가게는 무엇을 위해 존재하는가?'에 대한 답을 담은 핵심 아이디어다. 그럼으로써 고객이 매장을 방문했을 때 경험하는 모든 요소, 즉 음식과 서비스, 분위기, 이야기를 하나로 연결해준다.

가장 먼저 '우리는 어떤 식당인지'를 결정하는 브랜드 정체성이 컨셉에 담길 수 있다. 청기와타운의 경우 '코리안 BBQ 레스토랑'이라는 컨셉을 내세워, LA 한인타운처럼 느껴지는 공간에서 소갈비를 즐길 수 있는 트렌디한 고깃집이라는 브랜드 정체성을 강조해왔다.

고객경험의 방향성 또한 컨셉에서 시작된다. 이를테면 고객이 따뜻하고 가족적인 분위기를 추구할지, 세련되고 고급스러운 분위기를 추구할지는 컨셉에 달려 있다. 그 밖에 메뉴와 서비스의 기준, 인테리어나 메뉴판, 로고 등의 일관된 브랜드 이미지, 우리 브랜드만의 차별화 포인트도 컨셉이 바탕이 된다.

결국 외식업에서 컨셉은 기획의 시작이나 마케팅 포인트가 아니라 브랜드를 시작하고 운영하며 성장시키는 모든 과정의 중심축이다. 이 컨셉이 분명하지 않으면 메뉴나 서비스가 일관성을 잃고 고객에게 또렷한 이미지를 남기기 어렵다.

» 컨셉은 우리의 언어가 아닌 '고객의 언어'다

그러나 여전히 컨셉은 알 듯 모를 듯한 단어처럼 들린다. 이 말 자체가 컨셉에 대한 힌트가 될지도 모르겠다. 우리가 어딘가에서 음식을 먹고 느낀 감정, 소위 '느낌적인 느낌'이 컨셉에 가장 가깝지 않을까. "어제 그 식당에 갔는데 음식이 담백하고 깔끔해서 엄마가 해준 밥 같더라", "파티에 초대받은 느낌이었어. 음식이 너무 예뻐서 계속 찍고 싶던데?" 같은 고객의 리뷰를 본 적 있을 것이다. 이렇듯 컨셉은 우리의 언어가 아니라 '고객의 언어'에서 나온다. 팔리는 컨셉을 고민하고 있다면, 먼저 고객의 관점으로 돌아가 보자.

- 이 컨셉을 고객이 한 문장으로 표현할 수 있을까?
- 고객은 이 컨셉을 보고 '나도 경험하고 싶다'고 느낄까?
- 이 컨셉이 고객의 감정적, 실질적 니즈를 충족시킬까?
- 고객이 이 컨셉을 쉽게 친구나 가족에게 전달할 수 있을까?

아무리 훌륭한 컨셉이라도 고객이 공감하거나 이해하지 못한다면 무의미하다. 컨셉은 고객의 마음속에 들어가 그들이 느끼고 싶고 말하고 싶은 방식으로 자리 잡아야 한다. 나아가 고객이 그 가치를 받아들이고 자신의 언어로 나누기 시작할 때, 진정 성공적인 컨셉이 된다.

» 고객의 언어를 듣고, 주력상품으로 답하다

외식업을 하는 사람이라면 누구나 고민하는 두 가지가 있다. 어떻게 객단가를 올릴 것인가, 그리고 어떻게 더 많은 고객을 유치할 것인가. 이 두 가지를 해결하기 위해 필요한 것이 바로 '주력상품'이다. 매장의 매출을 책임질 주력상품은 단순히 잘 팔리는 메뉴를 넘어, 고객이 꼭 방문해야 할 이유가 된다.

청기와타운의 주력상품 중 하나는 와인이다. 콜키지 프리 정책에 더해 매장에서 와인을 구입할 수 있게 하면서 아예 와인 진열 위치를 매장 전면부로 변경했다. 와인 마시기 좋은 고깃집이라는 우리의 컨셉에 공감해주는 고객들을 더 적극적으로 끌어들이기 위해서였다. 그뿐 아니라 고객들이 가져오는 와인을 유심히 관찰하며, 와인을 좀 더 잘 파악하기 위해 여러 개의 와인 오픈채팅방에 가입했다. 그곳에서 30~40대 여성 고객들이 즐겨 마시는 가성비 와인 리스트를 분석하고 그 가격을 매장에서 판매하는 와인과 비교할 수 있도록 했다. 고객이 직접 가격을 비교하고 '아, 이 와인은 여기서도 이 가격에 살 수 있구나'라고 인식하면 수고스럽게 와인을 들고 오지 않아도 된다. 그러나 이것만으로는 브랜드의 차별화 포인트가 부족하다고 보았다. 그래서 만든 것이 와인잔이다. 저절로 알게 된 것은 아니었다. "좀 더 좋은 와인잔에 마시

면 맛있을 텐데…"라는 고객의 피드백을 계기로 직접 와
인잔을 제작, 판매하기 시작했다.

청기와타운에서 가장 잘 팔리는 메뉴 중 하나는 육회
다. 하지만 처음부터 반응이 만족스럽지는 않았다.

"육회는 잘 팔리는데, 사람들이 사진을 찍지 않네?" 사
진을 안 찍는다는 건 고객이 기억할 만한 경험으로 이어
지지 않았다는 뜻이다. 그래서 육회 위에 아보카도를 올
려주는 식으로 레시피를 차별화했다. 하지만 나의 예상
과 달리 아보카도와 육회를 따로따로 먹는 손님이 많았
다. 그건 내가 원하는 그림이 아니었다. 그래서 아보카도
를 육회 밑에 깔고, 마지막으로 트러플을 살짝 갈아서 뿌
리는 것으로 레시피를 바꿨다. 고객들이 음식을 보자마
자 판타지를 느끼게끔, 그리고 사진을 찍지 않을 수 없게
끔 만든 것이다. 그 결과 육회는 단순한 인기 메뉴를 넘어
청기와타운만의 차별화 포인트가 되었다.

컨셉은 고객의 언어다. 주력상품은 고객이 그 언어에
공감하고 매장을 방문할 수밖에 없는 이유가 된다. 처음

부터 우리 브랜드의 주력상품을 정할 수도 있겠지만, 주력상품은 고객의 니즈를 반영해 끊임없이 달라지기 마련이며 응당 그래야 한다. 그 과정에서 브랜드의 색깔이 생기는 것이다.

아이템도 경쟁자도 이기는
'목 좋은' 자리

장사를 하면서 수없이 많은 가게를 보러 다녔다. 가게를 사보기도 했고 팔아보기도 했다. 가게를 오픈하는 날에도 만감이 교차하지만, 운영하던 가게를 다른 사람에게 넘기거나 그만두는 심정에는 비할 바가 못 된다. 금전적인 이득이나 손실과 무관하게 가게를 그만두는 속마음은 결코 편치 않다.

지금 이 순간에도 많은 가게들이 문을 열고 닫는다. 어떤 가게는 수십 년 동안 한자리에서 사랑받으며 지역의 상징이 되고, 어떤 가게는 몇 달 만에 자취를 감춘다. 도대체 그 차이는 무엇일까? 오래가는 가게가 되려면 어떻게 해야 할까? 궁극적으로는 브랜딩이 그 해답이 되겠지만, 그보다 먼저 '무엇을 어디서 누구에게 팔 것인가'라는 문제를 풀어야 한다.

장사를 하다 보면 깨닫게 된다. 우리의 '진짜 경쟁자'는 옆집이 아니라는 것을. 2억 원 정도의 금액을 들여 매장을 하나 오픈했다고 가정해보자. 3~4년쯤 후에는 매장의 영향력이 줄어들거나 존재감이 떨어질 가능성이 크다. 한 달에 1000만 원씩 저축해서 수억 원을 모았다 해도, 슬금슬금 매출이 떨어지면 인테리어를 다시 하거나 새로운 매장을 구해야 할 수도 있다. 모은 돈의 절반가량을 다시 가게에 투자해야 하는 것이다.

즉 우리의 보이지 않는 경쟁자는 가게를 차리고 운영하는 과정에서 필연적으로 발생하는 비용, '감가상각비'다. 감가상각비를 간과한 채 눈앞의 매출만 좇다가는 비용의 덫에 걸려들기 쉽다. 감가상각비를 회수하고 생존을 넘어 성장을 이루려면 어떻게 해야 할까?

이 문제를 해결하는 핵심적인 실마리는 다름 아닌 '상

권'이다. 상권을 잘못 선택하면 감가상각비는 단순한 비용투자 수준을 넘어 생존을 위협하는 덫이 된다. 반대로 상권을 제대로 선택하면, 비용투자를 수익으로 전환하는 발판이 된다. 다소 거칠게 말해서 '망해도 본전은 찾는 상권'이야말로 장사의 확실한 성공비결 중 하나다.

» 힙한 곳 vs 살아남는 곳

요즘 업계를 막론하고 '힙(hip)'이라는 단어가 자주 들린다. 힙한 곳은 살아남는다고도 한다. 하지만 과연 힙하면 다 살아남을까? 단언하건대 그렇지 않다. 힙은 수명이 짧다. 오래지 않아 새로운 힙으로 대체되기 마련이다. 힙이란 애초 그런 것이다. 어떤 가게든 힙하게 만들 수 있는 능력의 소유자라면, 혹은 힙을 영원히 유지할 수 있다면 굳이 비싼 임대료를 내는 곳에 들어갈 필요가 없을 것이다. 월세가 저렴한 외진 곳에서도 힙을 만들어내며 큰 수익을 올리면 될 테니 말이다.

이 시점에서 식당의 본질을 되짚어볼 필요가 있다. 식당은 밥을 먹는 곳이다. 당연히 편의성이 중요하다. 잠실

사는 사람이 평소에 을지로까지 밥을 먹으러 가지는 않을 것이다. 만일 간다면 그 식당을 '경험'하러 가는 것이다. 사람들이 몇 시간씩 줄을 서면서까지 밥을 먹는 곳은 단순한 식당이 아닌 '플레이스'다. 이 경우는 식사를 하러 가는 게 아니라 그 공간에서의 경험을 소비하러 가는 것이다.

프랜차이즈 업체가 대중적인 입맛과 제품화를 노린다면, 번성하는 점포는 애초 '자신만의 뾰족함'으로 승부하는 곳이다. 프랜차이즈와 번성 점포의 기획이 동일할 수 없듯이, 힙한 곳과 살아남는 곳의 상권 전략 역시 다를 수밖에 없다. 우리 식당의 본질에 맞는 상권을 찾는 것이 중요하다.

일반적으로 대로변에 위치한 식당들이 힙한 골목 안에 있는 식당들보다 오래 살아남는 모습을 볼 수 있다. 힙한 동네는 계속해서 변하는 데다, 힙한 동네로 소문이 나면 임대료가 오르는 바람에 오래 버티지 못하고 나가는 곳들이 생긴다. "우리 동네 골목 식당은 잘 되던데요?"라고 반문할 수 있다. 잘되지 않는다는 게 아니라, 확률적으로 살아남는 곳이 많지 않다는 것이다. 무조건 월세가 저렴한 곳을 찾기보다 비싼 임대료를 감당할 방법을 고민하는 것이 오히려 현실적이라 말하는 이유다. 이 경우에는 대로변에 입점해 상대적으로 높은 임대료를 내더라도 매출로 이를 상쇄할 구조를 만들 수 있어야 한다. 자본의 힘으로 자기 건물을 매입해서 장사를 하는 방법도 있겠지만, 그것은 다른 영역의 문제다.

"좋은 자리를 찾으려 고민하기 전에, 비싼 임대료를 감당할 수 있는 브랜드로 만들 방법을 고민하라." 개인적인 견해이긴 하지만 실제 외식업의 흐름을 보아도 낮은 임대료만 보고 입점한 사업자들은 거의 남아 있지 않다.

» 망하지 않는 '자리'는 있다

물론 임대료를 어느 선까지 감당할 것인지는 개인의 선택이다. 모두가 브랜드를 만들고 싶어 하지는 않을 테고, 경험도 자금도 부족한 상황에서 대로변의 잘 보이는 상권에 들어갔다고 해서 장사를 더 잘할 수 있는 것도 아니다. 그럴수록 자신에게 적합한 상권을 신중하게 골라야 한다.

나는 큰 그림에서 세부 그림을 그려가듯, 모든 곳을 연결하는 길을 살펴보면서 목이 좋은 상권을 찾는 편이다. 목이 좋다는 말은 아시다시피 교통 접근성이 좋거나 사람들의 유입이 많다는 의미다. 흔히 말하는 '대로'가 그렇다. 대로는 도시에서 넓고 중요한 도로를 뜻하며, 교통 흐름과 접근성 면에서 중요한 역할을 한다. 다만 강변북로나 올림픽대로 같은 큰 도로는 신체의 동맥처럼 중요한 역할을 맡고 있지만 식당이 입점할 수 없다. 그래서 대교와 대로를 잇는 연결 지점 위주로 살펴보기 시작했다.

청기와타운 2호점을 준비할 때였다. 마포대교를 건너 좌회전을 했는데 손님이 많은 식당이 눈에 들어왔다. 목이 좋은 자리라고 판단해, 그 건너편에 자리를 잡았다. 3호점은 한강대교를 건너자마자 나오는 삼각지 인근에 열었다. 이렇게 기준을 정하고 발품을 판 덕분에 다른 브랜드보다 월등히 좋은 조건으로 매장을 오픈할 수 있었다. 목 좋은 자리를 찾아내는 것을 타고난 감이나 촉이라 보는 분들이 많은데, 반드시 그렇지만은 않다. 오히려 철저한 분석과 데이터를 바탕으로 해야 하는 것이 상권 설계다.

» 상권 분석을 위한 10가지 키워드

상권을 분석할 때는 다음의 기본적인 요소를 기준으로 점수를 매겨보면 유용하다.

- 근무 인구: 해당 지역에서 일하는 사람들이 얼마나 되는가?
- 거주 인구: 해당 지역에 거주하는 사람들이 얼마나 되는가?
- 소득 수준: 그 지역의 평균 소득은 얼마인가?
- 주거 인구와 근무 인구의 비율(평일과 주말 매출에 직접적인 영향을 미친다.)
- 업종 현황: 해당 상권에서 경쟁자가 얼마나 많은가?
- 교통 접근성: 주요 교통수단과 얼마나 가까운가?
- 상업 시설: 인근에 쇼핑몰, 백화점 같은 시설이 있는가? 있다면 몇 개나 되는가?

• 주변 환경: 공공기관, 병원 등이 있는가?

• 배후 상권: 상권의 확장가능성은 어느 정도인가?

• 추세와 변화: 상권이 앞으로 어떻게 변화할 것 같은가?

먼저 상권의 반경을 설정한다. 주거 인구는 1km 반경, 근무 인구는 500m 반경을 기준으로 분석한다. 이 데이터를 바탕으로 매장 주변의 유동인구, 소득 수준, 경쟁 업종 등을 파악해보자. 어떤 지역의 주거 인구가 8만 명이라면 인구 분석 점수에 8점을 부여하는 식이다. 여기에 소득 수준과 교통 접근성 등을 추가해 점수를 계산하면, 상권의 총합 점수가 나온다. 어떤 요소에 어떤 가중치를 두는가는 본인의 브랜드에 맞춰 선택하면 된다.

중요한 것은 점수의 총합이 아니라 데이터의 해석이다. 이를테면 경쟁자가 많다고 해서 반드시 그 상권이 나쁜 것은 아니다. 오히려 시장 규모가 크다는 신호일 수도 있다. 디테일에 따라 해석은 달라지겠지만, 특정 지역에 돼지고깃집이 20개나 있다면, 그 지역 사람들의 돼지고기

수요가 그만큼 높다고 보아도 무방할 것이다.

실제 청기와타운 영등포 지점만 해도 SNS 마케팅이 주효해서 장사가 잘되는 것이라 보았는데, 상권을 분석하고 평가해보니 결코 점수가 낮은 입지가 아니었다. 장사가 잘되는 데에는 그만 한 이유가 있었던 것이다. 이러한 분석은 소상공인시장진흥공단의 상권정보시스템에서도 얼마든지 해볼 수 있는데, 자꾸 감을 믿고 좋은 매장을 '점찍으려고' 하니 돈을 쓰고도 적합한 입지를 고르지 못하는 것이다.

오래 살아남는 식당일수록 대로와 사람들의 흐름을 읽고, 데이터와 감각을 결합해 전략적으로 움직인다. 제대로 된 상권을 찾을 줄 아는 능력은 오래가는 아이템을 찾는 것만큼이나 중요한 생존능력이다.

좋은 상권보다
나와 맞는 상권

좋은 아이템 다음으로 많은 분들이 관심을 갖는 것이 바로 좋은 상권이다. 틀린 말은 아니다. 당연히 좋은 상권은 중요하고, 좋은 상권은 존재한다. 늘 자금이 부족할 뿐.

가령 영등포 상권에서 좋은 가게를 찾으러 부동산을 다닌다고 해보자. 권리금 몇 억짜리 물건을 구하다가 신도림으로, 다시 구로디지털단지로, 다시 종로까지 가봐도 마음에 드는 매물을 찾기가 쉽지 않다. 계속 권리금만 올라간다. 수천만 원만 더 내면 훨씬 좋은 매물을 찾을 수 있을 것 같은데, 마음이 초조해진다.

이럴 때는 관점을 바꾸어보자. 가게를 매물로 내놓은 게 과연 축하하거나 축하받을 만한 일인가? 특별한 사연이 있는 게 아니라면, 운영하는 가게를 매물로 내놓은 것은 그만큼 장사가 힘들었다는 의미일 수도 있다. 경기도 어렵고 장사도 안 되니 차라리 취업하는 게 더 낫다고 판단해서 내놓은 것일지도 모른다. 관점을 바꾸면 매물이 다르게 보인다.

매물을 많이 본다고 반드시 좋은 것도 아니다. 매물을 많이 볼수록 더 좋은 매물을 찾을 수 있다고 생각할지 모르지만, 좋은 매물을 정하는 건 결국 '타이밍'이다. 좋은 점포가 싸게 나오면 당연히 금방 거래가 성사된다. 그런 점포가 나올 타이밍과 내가 점포를 구하는 타이밍이 맞아떨어져야 내 몫이 된다. 이 말을 뒤집어보면, 내가 알아보기 전부터 매물로 나와 있는 가게는 썩 좋은 조건은 아니라고 생각하는 편이 합리적인 선택을 돕는다. 설령 좋은 매물이라 해도 예비 창업자나 다른 지역의 사장에게까지 기회가 돌아올 가능성은 매우 낮다. 생각해보라. 영등포 상권에 좋은 매물이 나왔다면 다른 지역에서 예비 창업자가 찾아오기 전에 영등포에 터를 잡은 업주가 선점할 확률이 높지 않을까?

결론적으로 말하면, 좋은 상권을 찾으려는 노력보다 '나와 맞는 상권'을 찾으려 노력하자. 우선 자신이 사는 집을 좌표로 찍는다. 그 좌표를 중심으로 5km 반경을 그린 다음, 그 안의 상권을 체크해보자. 굳이 집에서 먼 곳에 가게를 열 필요가 없다. 우리 집 가까이에 있는 큰 상권이 어디인지 보고, 그곳에서 내가 가진 예산에 맞는 금액대의 점포를 구하는 것이 좋다.

만약 위치가 별로라면? 선택지는 둘이다. 돈을 더 모아서 더 좋은 자리로 가든가, 입지가 다소 불리하더라도 손님을 불러모을 수 있도록 나의 실력을 키우든가. 내 대답은 후자다. 자신이 하던 것을 잘하는 게 좋은 상권을 찾는 것보다 성공 확률이 높기 때문이다.

청기와타운은 프랜차이즈도 운영하고 있어서, 본사는 신규 점포를 찾아서 청기와타운 창업을 원하는 분과 연결해주는 일도 병행한다. 말처럼 쉬운 일이 아니다. 사람마다 보는 눈이 다른 것은 물론이고, 수많은 점포 중 한 곳을 정하면 누군가가 수억 원을 투자한다는 사실에 온갖 생각이 든다. 그 사람의 인생을 바꿀 수도 있는 결정 아닌가. 그렇게 고심하며 30곳 넘는 매장의 거래를 결정해본 경험자로서, 상권과 점포를 정하는 나의 노하우를 간략하게나마 정리해보았다.

1. 나의 주거지를 중심으로 반경 5km의 원을 그린다.

2. 그 원 안에서 가장 큰 상권(키워드 조회수가 많은 지역) 세 곳에 동그라미를 그린다.

3. 그 세 곳 가운데 우리 아이템과 잘 어울린다고 생각되는 지역에 동그라미를 하나 더 그리고, 그 옆에 그렇게 생각한 이유를 상세히 적는다. 이게 가장 중요하다.

4. 원을 두 번 그린 곳에서만 창업한다고 생각하고 가격(예산)에 맞는 점포를 구한다.

5. 최고의 점포는 비싸다. 최선의 점포를 찾자.

6. 저녁에 유동인구가 많은 자리는 비싸다. 이때 낮의 유동인구도 반드시 체크해야 한다.

7. 가격은 구매자가 결정한다. 비싸다고 생각되면 원하는 가격을 부르고 기다려라.

8. 결정에 기한을 둬야 한다. 그렇지 않으면 생각만 많아진다.

9. 아이템이 모든 것을 결정하지는 않는다. 매장 입지가 다소 불리하다고 생각되면 교육기간이나 경험의 시간을 늘려보길 바란다.

10. 깐 양파는 비싼 만큼 쓰기 편하고, 생 양파는 직접 까야 하지만 저렴하다. 자리의 단점만 보지 말고 장점을 보자.

가게의 체력을 키우고 싶다면

초반 1년은 가게의 체력을 기르는 시간이다. 돈을 벌 생각은 한 발짝 뒤로 미뤄놓아도 좋다. 어쩌면 그래야 돈을 벌 수 있다.

창업 전에 직원으로 일하며 실전 경험을 쌓아두면 확실히 도움이 된다. 그러나 경험이 모든 해답을 주진 않는다. 현실은 언제나 새롭다. 가게를 운영하다 보면 정말이지 하루가 한 달이 어떻게 가는지 모를 정도로 매 순간을 바쁘게 살아간다. 손님이 많아지면 많아서 정신없고, 손님이 적으면 적어서 머릿속이 복잡하다. 그럴 때일수록 '일의 순서'를 명확히 하는 것이 중요하다. 이 단순한 원칙이 매장의 효율과 분위기를 결정하는 핵심이다.

어떤 날은 정말 시작부터 버겁다. 문을 열자마자 눈에 들어오는 어제의 흔적, 기다렸다는 듯이 들어오는 식자재, 곧 몰려올 손님들. 뭘 먼저 해야 할지 모르겠을 때, 항상 고객의 입장에서 가게를 바라보는 것으로 시작하자. 이건 단순히 손님의 관점에서 가게를 보자는 의미가 아니다. 고객이 가게에 들어오자마자 느끼는 첫인상, 경험, 그리고 작은 디테일들이 모두 그날의 매출과 연결된다는 뜻이다.

출근하면서 가장 먼저 둘러보는 것은 가게의 바깥이다. 문 앞에 쌓인 낙엽이나 쓰레기, 지나가는 사람들이 흘리고 간 흔적들을 정리하면서 가게 앞을 물로 살짝 적신다. 이 간단한 행동만으로도 우리 매장은 깔끔하고 산뜻한 이미지를 줄 수 있다. 손님들이 처음 마주하는 공간에서 정돈된 모습을 보게 되면, 그 신뢰는 무의식적으로 매장 전체로 확장된다. 고객이 가게 안으로 들어왔을 때 느낄 쾌적함을 떠올리며 하루 일의 첫 단추를 끼운다.

사장인 내가 먼저 움직이면 직원들도 달라진다. 유증

기가 남은 테이블, 정돈되지 않은 주방, 정리되지 않은 식자재까지, 사소해 보이는 기본적인 정리부터 시작하면 가게 전체에 활력이 돈다. 직원들도 자연스럽게 사장과 같은 기준을 공유하게 되고, 이 과정에서 팀워크가 생긴다. 매장이 매끄럽게 돌아가는 데 필요한 이 '일의 기본'이 직원들에게 전파될 때, 코어 직원의 씨앗도 함께 뿌려진다.

» 코어 직원과 코어 고객 만들기

창업 1년 차는 손익분기점이 가장 중요한 시기지만, 그보다 더 중요한 것은 가게를 지탱해줄 코어 고객을 만드는 일이다. 처음에는 지인이나 체험단이 그 역할을 해주기도 한다. 하지만 그들의 역할은 일시적이다. 그들에게게서 받은 피드백을 기반으로 메뉴, 서비스, 매장 분위기를 세심히 조정하면서 '나만의 진짜 고객'을 찾아야 한다.

고객의 리뷰와 반응은 무엇보다 중요한 데이터다. 절치부심해서 준비한 메뉴와 공간도 얼마든지 손님에게 외면당할 수 있다. 그럴 때는 미련을 버리고 과감히 없애야 한다. 대신 고객이 자주 언급하는 불편함은 개선하고, 좋았다고 말하는 지점은 더욱 강화해야 한다. "더할 것은 더하고 뺄 것은 뺀다." 이 단순한 반복이 내 가게의 고객층을 점점 또렷하게 만들어가는 첩경이다.

매장의 뼈대를 만드는 데 가장 중요한 것은 코어 직원이다. 함께 오래 일할 수 있는 직원은 좋은 급여나 근무 조건만으로 만들어지지 않는다. 직원 스스로 우리 가게에서 성장한다고 느끼고, 일을 통해 가치를 발견할 수 있을 때 비로소 진정한 코어 직원이 된다. 이들은 주어진 일을 하는 데 그치지 않고 스스로 가게의 문제를 해결하려 한다. 그들의 성장이 매장의 성장으로 이어지는 것이다.

코어 고객도 마찬가지다. 초반에 매일 오던 손님들이 점점 줄어드는 것은 자연스러운 일이다. 하지만 그중에서도 다시 돌아오는 손님들이 있다면, 그들이 바로 나의 코어 고객이다. 그들이 원하는 서비스를 정확히 파악하고, 더 나아가 그들이 '이곳만의 무언가'를 느끼도록 해야 한다.

마지막으로, 가게 운영에서 가장 중요한 건 '나만의 리듬'을 만드는 것이다. 무조건 열심히 한다고 되는 일이 아니고, 순서를 잘 세운다고 하루가 완벽해지는 것도 아니다. 하지만 그 리듬 속에서 내가 할 수 있는 일들을 하나씩 해나가다 보면 정신없이 쳐내던 일도 어느덧 아무렇지 않게 해내는 자신을 보게 될 것이다. 장사 체력은 히트 아이템이나 목 좋은 자리가 아니라, 팀워크와 제대로 된 일의 순서로 쌓아가는 것이다.

손님을 다시 오게 하는
3가지 접객

"흔히들 손님에게 인사 잘하라고 귀가 닳도록 이야기하지만, 인사를 왜 해야 하는 것인지 인사를 어떻게 하는 것이 잘하는 것인지 한 번도 제대로 알려주지 않고 잘하기만을 바란다. 사실 인사 잘한다고 큰 덕을 보는 것도 아니고 한 이야기 또 하는 것이 지겹기도 할 텐데 왜 인사를 잘하라고 하는 것일까. 어떻게 하면 인사를 잘하는 것인지, 어떻게 하면 "이 가게, 인사는 참 잘하네"라는 말을 들을 수 있을까.

내 생각에 인사는 생각 없이 하는 것이 가장 잘하는 것이다. 인사에 잘하고 못하고는 없다. 그냥 하는 것이다. 이유를 만들면 힘이 들어가고 자주 못 한다. 인사는 마주칠 때마다 하는 추임새 같은 것이다

성시경이 유튜브에서 "자, 오늘은~"이라고 운을 떼는 것처럼 "안녕하세요, 여기 물 드릴게요", "안녕하세요, 반찬 좀 더 드릴게요" 하면 되는 것이다.

인사는 노동요 같은 것이다. 반복되는 지겨운 일상에 힘을 실어주는 비타민 음료 같은 거라 생각하면 된다. 기계에 윤활유를 바르듯 장사하면서 반복적으로 하는 인사는 힘든 일상을 돌아가게 하는 원동력이 된다.

무엇보다 인사는 손님 들으라고 하는 것이 아니다. 나에게 하는 것이다. 손님이 듣는 건 몇 번이지만, 나는 이 손님 저 손님에게 수도 없이 인사하니 얼마나 "안녕하세요"를 많이 듣겠는가. 정말 안녕할 것이다. 마주치는 사람마다 횟수에 관계 없이 활짝 웃으면서 안녕하냐고 계속 이야기하면 그게 잘하는 거다. 나의 안녕을 위해 주문을 외운다고 생각하면 인사하기가 좀 더 수월할 것이다. 인사했는

데 상대방이 내 인사를 안 받는다거나, 그래서 내 마음에 상처가 생긴다거나, 인사를 했다고 돌려받을 생각을 해버리면 인사할 때 점점 힘이 들어가니 인사에는 받을 생각을 빼는 것이 좋다."

'인사'를 주제로 나의 SNS에 올린 글이다. 개인적으로 인사가 외식업 성공의 90%를 좌우한다고 믿는다. 그만큼 인사의 위력은 강하다. 사장님이 먼저 직원들에게 힘차게 인사해야 직원들도 고객에게 자연스럽게 인사할 수 있다. 직원들에게 매뉴얼을 나눠주며 "인사 잘하세요"라고 교육해봐야 효과는 미미하다. 중요한 것은 직접 보여주는 것이다. 그리고 인사는 고객만이 아닌 우리 모두를 위한 것이다.

코로나 팬데믹에 모두가 마스크를 쓰고 일하던 시절, 평소보다 직원들이 불친절하다는 컴플레인을 받은 적이 있다. 손님들이 갑자기 예민해졌을 리도 없고, 우리 직원들의 서비스가 갑자기 달라졌을 리도 없을 터. 곰곰이 생각하던 중 나 역시 손님으로서 다른 매장을 방문했을 때 비슷하게 느낀 기억이 났다. '서비스를 잘하는 곳인데 왜 평소 같지 않을까?' 하는 의아함이었다. 아마 마스크에 입 모양이 가려진 것이 이유 아니었을까. 우리는 반가움의 표현으로 인사를 하지만, 사실 그리 반갑지 않은 상황에서 인사를 나눌 때도 있다. 그럴 경우 여지없이 눈은 웃지 않고 입꼬리만 끌어올리는 나 자신을 알아차린다. 진정한 인사는 눈과 입이 함께 움직이는 것이다. 목소리를 조금 높여 인사하는 게 좋다고는 하나, 사람 많은 대중음식점에서는 활짝 웃는 눈과 입꼬리면 충분하다.

여기서는 '접객'이라는 관점에서 인사의 의미를 말하고자 한다. 접객이란 무엇일까? 접객은 무조건 고객을 최우선으로 대우하는 행동도 아니고, 손님의 기분을 좋게 바꾸려는 서비스도 아니다. 나도 초년생 시절에는 손님과 가까워지고 싶어서 조금이라도 더 친근함을 표현하려 애썼는데, 시간이 흐르고 나니 그 또한 누군가에게 부담을 줄 수 있는 행동이란 걸 깨달았다. 접객은 '손님이 편하게 음식을 먹는 데 도움이 되는 행동' 그 이상도 이하도 아니다. 그러한 관점에서 손님이 들어오자마자 건네는 "몇 분이세요? 편한 곳에 앉으세요"라는 인사의 의미를 다시 생각해볼 필요가 있다.

손님의 80% 이상은 4명 이하고, 4명이 넘으면 으레 예약을 한다. 따라서 몇 분이냐고 물어보는 것은 사실상 큰 의미가 없다. "편한 곳에 앉으시라"는 멘트 역시 마찬가지다. 보통 손님들이 선호하는 창가석이나 부스의 룸을 골라 앉을 수 있다면 편한 곳에 앉으라는 말이 의미 있을지도 모르겠다. 그러나 그런 자리는 예약이 되어 있거나 이미 차 있을 확률이 크고, 남은 좌석 중에서 어디가 더 편한지는 고객이 알기 어렵다. 즉 카운터에서 "편한 곳에 앉으세요"라고 건네는 인사는 "그냥 대충 앉으세요"라는 말과 다름없다. 대충 일하고 싶어서 그런 거라면 상관 없지만, 접객 방법이라 생각해서 한 행동이라면 고객 입장에서 바라본 '우리 가게 좌석 선호도' 정도는 알고 있어야 하지 않을까. 손님에게 따뜻한 곳은 이쪽이라든지, 이쪽이 햇살이 더 잘 든다든지 하는 '근거'를 알려주는 쪽이 훨씬 합리적이다.

제대로 된 인사는 모든 일을 순조롭게 만든다. 테이블 세팅이 끝났는데 "우리 저쪽 테이블로 옮겨주시면 안 되나요?"라는 말을 듣지 않아도 되고, "거기는 예약석이에요"라는 말을 안 해도 되고, 그것이 사실인지 아닌지 확인하려는 사람을 만들지 않아도 되니 여러모로 편해진다. 아울러 외식업을 하면서 내 업에 대한 자존감을 올리는 가장 쉽고 빠른 방법이기도 하다. 한번 해보시라. 방긋 웃으며 인사하고 진심을 다해 고객을 안내하면 나의 하루가 어떻게 달라지는지.

접객에서 인사 다음으로 중요한 것은 컴플레인 대처와 영업시간 준수다. 나머지는 일하면서 배워나가거나, 개인의 성향과 조직의 방향성에 맞게 '상식적으로' 하다 보면 무리 없이 몸에 익힐 수 있다.

컴플레인 대처의 핵심은 즉각적인 상황 파악이다. 예를 들어 음식에서 이물질이 나왔다면 어디에서 나온 것인지, 어떻게 발견했는지 구체적으로 물어본 후에 즉각 사실을 확인해야 한다. 대체로 당황한 나머지 사실을 확인한다고 주방에 들어가서 한참 동안 나오지 않거나 다른 사람에게 대처방법을 물어보느라 시간을 끌곤 하는데, 시간이 지날수록 고객의 불만은 증폭되기 마련이다.

신속하게 상황을 파악했다면, 반드시 고객의 이야기를 끝까지 듣고 화난 포인트에 공감해야 한다. "저라도 정말 놀랐을 것 같아요" 혹은 "자칫 큰일 날 뻔했는데 다행이에요"처럼 진심 어린 공감을 표현해야 한다. 이러한 과정 없이 무조건 "죄송합니다"만 거듭하며 끝내버리면 오히려 더 큰 화를 부를 수 있다. 마지막으로는 사과와 조치다. 조치는 최대한 고객이 원하는 대로 해주는 것이 좋다. 밥값을 깎아주든, 서비스를 주든, 돈을 받지 않든, 쿠폰을 주든 최대한 원하는 대로 해주는 것이 최선이다. 제대로 된 컴플레인 대처는 화난 손님을 단골로 만드는 반전의 계기가 될 수도 있다.

마지막으로, 영업시간과 근무시간을 혼동하면 안 된다. 저녁 10시면 끝나는 식당인데 8시에 손님이 들어온다고 가정해보자. 손님을 안내하며 "저희 매장은 9시가 라스트오더인데 괜찮으시겠어요?"라고 묻는다면 손님 입장에선 여기서 밥을 먹으라는 건지 말라는 건지 판단하기 힘들다. 심지어 영업이 끝나려면 족히 30분은 남았는데 고객이 있는데도 바닥을 닦거나 쓰레기 치우는 모습을 보인다면, 이는 "다음부터 이 시간대엔 오지 마세요"라는 무언의 메시지와 다를 바 없다. 영업시간은 절대적으로 고객경험을 위한 시간으로, 정리시간과 명확히 구분해야 한다. 이 구분이 이루어지지 않으면 재방문이 줄어들 수밖에 없다. 인사, 컴플레인 대처, 영업시간과 정리시간의 구분만 지켜도 접객의 90% 이상은 성공한 것이다.

지금 나에게 맞는
온라인 마케팅 찾기

장사를 하루라도 빨리 시작하고 싶어서 남대문시장에서 스카프를 팔던 시절에는, 물건을 잘 파는 것이 곧 마케팅이라 믿었다. 조개구이집 직원으로 장사에 발을 들였을 때는 오늘 온 손님을 다시 오게 하면 내 마케팅이 성공한 것이라 믿었다. 아주 틀린 말은 아니다. 그러나 내가게를 열고 매장을 늘리며 브랜드를 만들어가는 과정에서, 마케팅은 잘 팔기 위한 수단만이 아니라는 사실을 차츰 깨닫게 되었다.

가게 운영에서 마케팅은 결코 부수적인 것이 아니라 중심이다. 앞서 이야기한 모든 요소, 즉 컨셉, 접객 방식,

기획 상품, 코어 고객과 직원 그리고 가게의 위치까지 모두 마케팅의 연장선에 있다. 아니, 처음부터 마케팅의 관점에서 생각해야 하는 것들이다.

사장이라면 마케팅의 방법론을 아는 것도 중요하지만, 자신의 브랜드에 맞는 마케팅의 방향성을 정하는 게 우선이다. 우리 가게의 성격과 단계에 적합한, 진정성 있는 마케팅을 찾아내 제시해야 한다. 어느 정도 트렌드를 반영하는 마케팅도 중요하지만, 자기만의 색을 가져가는 것은 더욱더 중요하다. 모든 가게가 똑같은 방식으로 빛날 수는 없기 때문이다.

» 마케팅은 내부에서 시작된다

많은 사람들이 마케팅을 외부 활동으로만 바라본다. 광고를 하고, SNS를 활용하고, 유명 인플루언서를 섭외하는 등의 활동이다. 하지만 가게를 처음 열었다면 가장 먼저 내부에서 할 수 있는 마케팅에 집중해야 한다.

우리 가게가 지역상권에서 어떤 키워드로 검색되는지부터 파악하자. 가령 '홍대 맛집', '영등포 맛집', '직장인

회식 추천'이라는 키워드의 검색량이 높다면, 이 키워드에 맞춰 플레이스 광고를 세팅해보자. 작은 매장은 이러한 SEO 마케팅이 예상외로 잘 먹힌다. 검색 엔진에서 특정 키워드로 상위에 노출되도록 웹사이트를 최적화하고, 이를 통해 자연 검색 트래픽을 늘리는 전략을 이미 많은 분들이 쓰고 있을 것이다. 간단히 말해 사용자가 원하는 정보를 검색했을 때 우리 브랜드가 가장 먼저 눈에 띄도록 만드는 것이다.

그렇다고 이러한 마케팅이 금세 매출을 올려주지는 않는다. 꾸준함이 필요하다. 게다가 키워드는 트렌드에 따라 계속 달라지고, 경쟁자가 등장하며, 콘텐츠는 시간이 지나면 낡아 보이기에 꾸준한 업데이트와 관리가 필요하다. 잘되는 듯싶다가도 알고리즘이 바뀌면 효과가 떨어지는 건 한순간이다. 심지어 최적화에만 집중하다 보면 검색 엔진에는 잘 보이지만 정작 고객은 관심없는 콘텐츠만 양산돼 브랜드 이미지를 해칠 위험이 있다. 현실적으로 잘 먹히는 키워드는 인기 브랜드가 이미 선점하고 있을 가능성도 무시할 수 없다. 중요한 것은 우리 가게를 알릴 키워드를 꾸준히 찾는 작업이다.

» 단일 매장의 마케팅과 브랜드의 마케팅은 다르다

매장이 늘어나면 어떨까? 내가 이런저런 마케팅을 해보며 가장 크게 느낀 것은, 하나의 매장에서 이루어지는 마케팅과 다수의 매장을 경영하는 브랜드의 마케팅은 다를 수밖에 없다는 것이다. 매장 1~2개를 운영할 때에는 플레이스 광고와 같은 직접적인 마케팅으로 시작하더라도, 우리 브랜드를 알리고 싶다면 중장기적인 전략으로 전환해야 한다.

먼저 우리 브랜드에 대한 대중의 관심도를 주기적으로 정확히 파악해야 한다. 처음 청기와타운이라는 브랜드의 월간 검색량은 2000~3000건 정도였다. 이 숫자가 어떤 의미인지 깨닫기까지는 꽤 시간이 걸렸다. 테이블 12~13개인 식당의 월간 조회수가 3000건이면 사람들이 줄을 설 확률이 높다. 검색량은 매출과 직결된다. 그래서 기를 쓰고 청기와타운의 조회수를 2000건에서 10만 건까지 끌어올렸다. 그런데 이를 유지하는 것은 또 다른 차원의 문제였다. 우리 브랜드의 조회수 변화 추이를 점검하며 브랜드의 큰 그림을 그리고 그에 맞는 마케팅 전략을 짜야 한다.

물론 규모가 큰 브랜드도 여전히 개별 매장의 마케팅을 한다. 다만 매장이 수백 개로 늘어나면 이 방식은 비효율적이 된다. 비슷한 금액이라면 드라마 협찬이나 독특한 이벤트를 통해 브랜드 자체를 알리는 방법이 더 파급력이 크다. 모 브랜드의 경우 드라마에서 고기를 구워 먹는 장면에 등장했는데, 이를 통해 얻게 된 노출 효과는 돈으로 환산하기 어려울 정도였다.

» 오래가는 브랜드는 어떻게 고객에게 다가갈까?

사람과 마찬가지로 브랜드도 나이를 먹는다. 나이를 먹는 것이 나쁘기만 한 것은 아니듯, 브랜드도 시간이 지나면서 화제성은 다소 떨어질 수 있지만 '지속가능성'은 더 높아진다. 그러나 지속가능성이 거저 얻어지는 것은 아니다. 고깃집이 계속 '고깃집'으로만 남는다면 긴 생명력을 기대할 수 있을까?

아웃백스테이크하우스, 맥도날드, 송추가마골처럼 사람들에게 잊히지 않는 브랜드, 오래가는 브랜드를 살펴보니 그들 모두 단순한 식당이 아닌 '하나의 외식 공간'으로 기억될 만한 경험을 꾸준히 만들어내고 있었다. 이처럼 손님들이 우리 브랜드를 '외식 공간'으로 기억할 만한 우리만의 경험을 만들어내야 한다.

그러려면 특정 메뉴에만 기대어 운영하는 관성에서 벗어날 필요가 있다. 잘나가는 브랜드는 시그너처 메뉴 외에도 고객경험에 새로움을 더하는 메뉴를 계속 선보인다. 맥도날드나 아웃백이 글로벌 메뉴를 현지화하거나 시즌별로 한정 메뉴를 개발하는 것도 이 때문이다. 객단가를 낮추더라도 고객 수를 늘리고, 회전율만 계산하기보다 고객과의 접점을 늘리는 것도 같은 맥락에서 해볼 만한 운영전략이다. 물론 하루아침에 이루어낸 것이 아니라 다양한 메뉴를 시도하고 때론 실패도 겪으면서 정말 피나는 고민을 하지 않았을까 짐작해본다.

사장이 각별히 신경 써야 할 것은 또 있다. 바로 인플루언서와 광고다. 광고에 신경 쓰자고 하면 거부감을 갖는 분들도 많은데, 광고의 정의란 무엇인가? 광고가 꼭 돈만 쓰는 행위인가? 돈을 들여 매체에 알려야 광고인가? 새로운 매장을 오픈했으니 와달라고 자신의 개인 SNS에 올리는 것도 광고이고, 강연장에서 장사 노하우를 나누며 업계 사장님들과 소통하는 것도 광고다. 우리 브랜드의 정체성과 방향성을 알리는 일이 광고라면, 광고를 등한시하는 브랜드야말로 문제 아닐까? 실제 '카카오톡 채널'에 들어가 보면 오래된 브랜드거나 오래 하고 싶은 의지를 가진 브랜드들이 대체로 상위에 랭크되어 있다. 제품을 판매하거나 홍보하는 것을 넘어 고객들에게 자신만의 스토리와 가치를 전하는 데 열심인 브랜드가 오래간다.

인플루언서 또한 기존의 시선으로 바라보아서는 안 된다. 신메뉴가 출시되면 정해진 수순처럼 인플루언서를 초청하곤 하는데, 그렇다고 그들이 우리 브랜드를 당연히 홍보해주어야 하는 법은 없다. 개인적으로 친분이 있는 인플루언서도 있고 협업해본 경험도 있지만, 게시물을 올려달라는 등의 요청은 하지 않는다. 우리 브랜드의 콘텐츠가 좋다면 알아서 공유해줄 것이고, 이제는 고객들도 광고성 게시물인지 정말 좋아서 올린 게시물인지 금방 알아본다. 누군가의 요청으로 인스타그램에 게시물을 올리고 그것이 바이럴로 퍼지는 시대는 끝났다고 봐도 좋다. 물론 먹방 유튜버나 방송 채널 섭외와 같은 전략적인 접근까지 배제해서는 안 되겠지만.

마케팅을 잘하려면 먼저 우리 브랜드는 지금 어디쯤 와 있는지, 어느 정도 성숙해 있는지 늘 질문하며 위치를 파악해야 한다. 초반에는 브랜드 정체성을 뚜렷하게 정립하고 인지도를 쌓는 데 주력했다면, 성장 단계에서는 고객 충성도를 높여 코어 고객을 모아야 한다. 성숙 단계에서는 우리 브랜드만의 차별성, 지속 가능한 차별점을 계속 쌓아나가야 한다. 이러한 전략 없이 광고비를 태우며 퍼포먼스 마케팅만 하거나 인플루언서를 섭외하는 데에만 집중한다면, 마케팅에 쓰는 비용만 높아지다 자칫 브랜드 전체가 흔들리기 쉽다.

홍보는 전달되고
바이럴은 퍼진다

맛있는 음식은 누구나 먹으면 안다. 입맛의 차이는 있겠지만 대체로 판단은 비슷하다. 잘 만든 물건도 십중팔구 사람들이 알아본다. 문제는 맛있는 음식을 파는 우리 매장, 물건을 잘 만드는 우리 브랜드를 사람들이 모른다는 것이다. 과연 우리 음식을 맛있게 먹어줄 손님은 어디에 있을까? 예비 창업자는 물론 대부분의 사장님들이 하나같이 '마케팅' 걱정부터 하는 것이 이해된다.

"피자집을 차리려고 준비하고 있는데, 바이럴 마케팅 잘하는 법을 알고 싶어요"라며 창업을 준비하는 지인이 의견을 구해온 적이 있다. 강연장이나 사석에서도 정말 자주 받는 질문 중 하나다. 그만큼 마케팅은 중요하다는 방증일 것이다. 하지만 뭔가 순서가 잘못된 것 같지 않은가? 질문을 받자마자 '피자가 맛있어야 팔릴 텐데 왜 벌써 바이럴부터 고민할까?'라는 생각이 든 것도 사실이다. 동시에 바이럴의 정의에 대해 한 번 더 진지하게 고민해보면 좋겠다는 마음도 들었다.

요즘에는 비슷한 질문이나 고민 상담을 받을 때면 상대방에게 되묻곤 한다. "그런데 질문하신 분이 생각하는 바이럴의 정의는 뭔가요? 어떤 바이럴이 성공적인 걸까요?"

여기서 바이럴의 정의를 다시 생각해보자. "우리 피자 정말 맛있어요. 심지어 가격도 합리적이고 직원들도 친절해요!"라는 멘트는 바이럴일까, 아닐까? 유명 인플루언서가 인스타그램에 추천 멘트와 함께 음식점 방문 후기를 남긴다면, 바이럴이 잘된 걸까?

이건 홍보의 영역이지 바이럴이 아니다. 바이럴은 매장에 제 발로 찾아와 음식을 먹은 손님들 사이에서 자연스럽게 떠다니는 것이지, 애초에 업체가 대신 만들 수 있는 것이 아니다. 설령 업체가 바이럴을 일으킨다 해도 과연 고객 입장을 온전히 반영한 것일까? 단언컨대 손님들이 만들어낸 바이럴과 업자들이 일으킨 바이럴은 같을 수 없다. '이 집 피자는 정말 맛있어. 매장 분위기도 좋고, 심지어 음식 사진도 인스타그래머블해'라는 업체의 바이럴은 그들이 의도한 메시지에 가깝다.

» 바이럴은 고객과 브랜드의 우연한 합의점이다

내가 청기와타운과 똑같은 제2의 브랜드를 하나 더 만든다고 해보자. 그 브랜드가 청기와타운처럼 성공할 확률이 얼마나 될까? 50%? 아마 10%도 되지 않을 것이다. 오히려 전혀 다른 색깔의 브랜드를 만드는 것보다 성공 확률이 더 낮을 수도 있다.

브랜드의 성공은 고객이 실제 느끼는 것과 브랜드가 의도한 것 사이에 우연하게 '합의점'이 생겼을 때, 창업자가 그 합의점을 포착해 영리하게 확산시킬 수 있는지에 달려 있다. 그 우연한 합의점이 바로 바이럴이다. 그리고 바이럴을 영리하게 확산시키는 것은 사장의 몫이다. 따라서 '브랜딩은 이렇게 해야 한다', '바이럴은 이렇게 하는 거야'라는 식의 일률적인 방법론으로는 성공을 보장할 수 없다. 제2의 브랜드, 제3의 브랜드를 연속으로 성공시키기가 정말 어려운 이유도 이 때문이다. 물론 경영자가 브랜딩에 대해 어느 정도의 방향성을 제시할 수는 있겠지만 그건 바이럴과는 다른 이야기다.

바이럴이 우연한 합의점이라면, 바이럴을 의도하는 것은 허상일까? 괜한 수고일까? 그렇지 않다. 당연히 바이럴 업체도 필요하다. 다만 파는 것과 팔리는 것의 차이에 주목하자는 것이다. 앞서 말한 피자집의 경우 바이럴을 어떻게 일으켜야 할까? 우선 맛있는 피자를 만든다. 그다음 우리 피자만의 스토리, 남들과 다른 우리만의 이야기를 만든다. 그리고 고객이 우리의 '기획의도'를 알아봐 주면, 그때 더 많은 사람에게 알릴 방법을 찾아야 한다. 이때가 바이럴 마케팅 업체의 노하우를 빌릴 타이밍이다. 즉 고객이 우리의 팔릴 만한 요소를 알아볼 때, 그것을 잘 팔기 위해 필요한 것이 바이럴 마케팅이다.

다만 이때 알아두면 좋은 것이 바이럴 마케팅 업계의

생태계다. 모든 업계가 그렇겠지만, 이 업계 역시 변화무쌍하다. 특정 시점의 알고리즘을 간파해 터뜨리는 업체는 늘 있지만, 계속 신생업체가 생겨나고 잘나가는 업체의 순위가 바뀌곤 한다. 이런 형편이니 우리 가게의 바이럴 마케팅을 업체에만 맡겨두어서는 안 된다. 사장으로서 내가 투자한 바이럴 마케팅이 어떻게 돌아가고 얼마나 잘 먹히고 있는지 계속 확인해야 한다. 내가 지불한 가치 대비 얼마만큼 효과가 나는지도 파악해야 한다. 나만 해도 직접 거래해본 마케팅 업체만 족히 100곳이 넘지만, 지금은 두 곳과 거래하고 있다. 그만큼 바이럴 마케팅 시장은 치열하다.

청기와타운은 '콜키지프리'라는 바이럴이 매우 잘 통했다. 지금은 다른 곳들도 콜키지프리를 많이 내세우지만, 청기와타운을 오픈한 2020년만 해도 콜키지프리를 우리처럼 본격적으로 하는 곳이 많지 않았다. 그렇다 보니 고객의 만족도가 높았고, 바이럴이 발생하면서 매출뿐 아니라 유의미한 정보까지 얻을 수 있었다. 그중 콜키지프리는 고마운데 매장의 와인잔이 마음에 안 든다고 아쉬워하는 의견들이 눈에 띄었다. 이러한 고객의 바이럴을 놓치지 않고 우리 매장 전용 와인잔을 만들어서 히트를 쳤고, 고객들의 만족도도 높였다. 이게 과연 업체가 대신해줄 수 있는 바이럴일까?

바이럴을 한마디로 정의하자면 바로 콘텐츠다. 그리고 그 콘텐츠는 나와 아이템, 그리고 나와 고객과의 대화에서 나온다. '아, 우리 고객은 이런 걸 좋아하는구나, 이런 걸 안 좋아하는구나.' '이런 걸 좋아한다고 생각해서 내놨는데, 고객은 관심이 없구나.' 고객과의 대화에서 '팔릴 거리'를 캐치하는 것이 진정한 바이럴의 시작이다. 홍보는 팔기 위해 하는 것이고, 바이럴은 알아서 팔릴 만한 것을 찾아내는 것이다.

매출을 잡고 싶다면
트래픽을 관리하라

해가 바뀔 때마다 언론사는 사람들에게 새해 소망을 묻는 여론조사를 한다. 2025년에는 50%에 가까운 사람들이 첫 번째 소망으로 '경제적 여유'를 꼽았다고 한다. 2030세대에서는 무려 약 75%가 경제적 여유를 소망한다고 답했다. 장사하는 사장님들도 마찬가지일 것이다. 좀 더 구체적으로 표현하자면 경제적 여유를 넘어 '경제적 자유'를 꿈꾼달까.

장사에서 가장 무서운 것은 매달 나가야 하는 금액, 고정비다. 사장이라면 누구나 자기들이 깔고 앉은 매장과 사무실 월세, 직원 급여 걱정에서 자유로울 수 없다. 그런데 여기서는 다른 항목을 강조하고 싶다. 매달 나가는 원자재비, 인건비, 월세만큼 신경 써야 할 것이 바로 '트래픽'이다. 오늘날 외식업 사장 및 프랜차이즈 본사가 해야 할 일을 한마디로 줄이면 '트래픽 매니지먼트'라 보아도 좋을 것이다.

» 트렌디한 시작, 스테디한 성장

"너, 여기 알아?" "너 거기 가봤어?" 잘나가는 브랜드를 가늠할 수 있는 2가지 멘트다. 말 그대로 트렌디하다는 것이다. 요즘 사람들의 관심이 어디에 쏠려 있는지, 세상의 흐름이 어디를 향해 가는지 알려주는 것이 트렌드다. 트렌드는 어느 시대에나 있었다. 그런데 유독 오늘날의 트렌드가 위력적인 이유는 온라인 '트래픽'으로 직결되기 때문이다. 그리고 트래픽은 곧 매출로 이어진다. 이런 마당에 '우리 가게는 동네 장사라 트렌드 같은 건 몰라도 돼. 나만 열심히 하면 잘되게 돼 있어'라고 생각한다면 오산을 넘어 오만일지도 모른다. 트렌드는 외식업의 추세이자, 앞으로 어떤 아이템이 먹힐지 알려주는 신호탄이다. 물론 지금의 트렌드가 모두 히트 아이템으로 연결된다고 볼 수는 없지만, 트렌드가 성장으로 가는 입구인 것은 분명하다.

지금 누가 트렌드를 이끌고 있는지, 어디가 트렌드를 만드는지 일일이 돌아다니면서 볼 수는 없을 터, 그럴 때는 온라인에서 외식 인플루언서들의 행보를 관찰하는 것도 방법이다. 식당을 오픈하면 가장 먼저 초대받는 사람들이 어디에 가고 SNS에 어떤 메뉴를 올리는지 보면서 대한민국 외식업의 추세를 빠르게 파악할 수도 있다.

'다들 손님이 없는데, 왜 저 가게에만 사람이 많지?' 싶은 가게들도 주목 대상이다. 물론 판단은 개인의 몫이지만, 잘되는 가게를 보면서 '인플루언서 데려다가 마케팅 좀 했구나' 하면서 무심코 지나쳤다가는 정말 중요한 것을 놓치기 쉽다. 우리는 은연중에 다른 사람의 성과를 별 것 아니라며 낮춰보는 경향이 있는데, 트래픽에 오르는 가게들은 뜰 만한 이유가 있어서 뜨는 것이다. 그만큼 쉬운 일이 아니다. 서울에서 냉삼겹이라는 장르를 개척한 건 '나리의 집'이다. 물론 지금도 여전히 잘된다. 냉삼겹이라는 트렌드가 막 생겨날 때 이 집을 봤다면 외식업에서 냉삼겹이 어느 정도 지속될지 캐치할 수 있지 않았을까? 시장에서 어떤 아이템이 먹히고 있는지, 무엇이 트래픽에 오르는지 꾸준히 봐야 하는 이유다.

» 트래픽은 트렌드와 함께 움직인다

트렌드는 끊임없이 흐르고 변한다. 그때마다 으레 트래픽도 함께 움직인다. 따라서 트렌드에 발맞추려면 트래픽의 움직임을 예의주시해야 한다. 거꾸로 말하면, 트래픽이 떨어지지 않도록 잘 관리하면 트렌디함은 자연스럽게 얻어진다. 사장의 일이 트래픽 관리라 하는 이유다.

경기도 동탄에 가면 '삼면이바다'라는 해산물 뷔페가 있다. 원래는 160평 정도 되는 규모에 쾌적한 휴양지 느낌의 인테리어와 고층 높이의 뷰까지 갖춘, 인스타그래머블한 씨푸드 다이닝 레스토랑으로 출발한 곳이었다. 그러나 동탄이라는 상권은 배후 인구가 많지만 대부분 주택가여서, 이런 음식을 즐기는 타깃과는 다소 거리가 있다. 자연히 인스타그램에서 화제성이 떨어지면서 매출도 빠지기 시작했다. 물론 체험단이나 인플루언서를 부르면 트래픽은 오르지만 자연적으로 발생한 것이 아니기에 들쑥날쑥할 수밖에 없다.

그러다 해산물 뷔페로 컨셉을 바꾸면서 매출이 3.5배 올랐다. 당연히 트래픽도 터졌다. '동탄 삼면이바다'를 검색하면 손님들이 올린 영상 조회수가 어마어마한 것을 볼 수 있다. 지금 이곳은 예약도 받지 않고, 당일 오픈 30분 전부터 테이블링 앱으로만 예약할 수 있다. 엄청난 대기시간은 각오해야 한다. 장사가 잘되니 당연히 기쁜 일이지만, 나는 그 매장을 살리기 위해 사장이 얼마나 고심했을지를 먼저 생각할 수밖에 없다. 우리 매장의 트래픽은 어느 정도인가? 어떤 곡선을 그리고 있는가? 매출이 떨어지는 상황이라면, 지금 어떤 가게의 어떤 아이템이 터지고 있는지 당장 서치해보라.

뷔페처럼 타깃이 또렷하고 누구나 다 아는 아이템이어야 트래픽이 터지는 것은 아니다. 최근 눈여겨보는 보쌈 브랜드가 있는데, 주거단지에 있는 데다 지하철역에서 아주 가깝지도 않은데 장사가 무척 잘된다. 동네 보쌈집

치고는 가격도 그리 낮지 않은데, '맛집 종결자'라는 영상이 터졌다. 핵심은 서비스로 주는 칼국수인데, 대충 봐도 그 양이 일반 칼국수의 3배는 돼 보인다. 가게를 찾은 사람들이 서비스로 주는 칼국수에 반응하면서 트래픽이 터졌다. 이런 현상을 보면서 그냥 넘길 것이 아니라, '평범한 골목상권의 보쌈집에서 왜 칼국수가 터졌을까?' 하고 사람들이 반응한 이유를 찾아내야 한다.

뼈찜을 파는 논현동의 '함수라(왕을 모시듯 푸짐하게)'라는 브랜드도 인스타그램에서 터지는 트래픽을 잘 활용한 사례다. 함수라는 원래 2층에서 순댓국을 파는 집이었는데, 순댓국은 뚝딱 먹고 가는 간이음식에 속한다. 당연히 2층에서는 기대한 만큼 매출이 나지 않았다. 창업자는 아이템을 바꾸려고 고심하다 뼈구이의 트래픽이 증가하는 걸 보고, 껍데기 뼈찜을 메뉴로 팔기 시작했다. 그중에서도 뼈구이 위에 통껍데기를 올린 영상이 터지면서 가게 매출이 2배 넘게 올랐다. 뼈구이라는 트렌드를 감지해 트래픽을 만들어낸 것이다.

» 트래픽의 능선을 넘으며 브랜드가 된다

트렌드가 당장 먹고 사는 문제라면, 트래픽은 장기적이고 지속적인 매출을 결정한다. 따라서 과거에는 누가 트래픽을 많이 가졌고, 지금은 누가 가지고 있으며, 우리는 어떻게 트래픽을 올릴 수 있을지 네이버 데이터랩이나 구글트렌드 등에서 데이터를 꾸준히 살펴보고 나만의 것을 만들어가야 한다. 트래픽도 트렌드처럼 터지는 채널이 시시때때로 변한다. 하던 대로 했는데 어느 순간 터지지 않는다면, 키(key)가 달라진 것이다. 그 키를 찾아내는 것이 사장의 역할이다. 시시때때로 다음의 질문을 스스로에게 던지며 점검해보자.

'트래픽을 지속적으로 끌고 나갈 의지가 있는가?'
'깨진 독에 물을 부을 만큼 내 아이템이 건강한가?'
'트래픽을 유지할 만큼 자신이 있나?'

최근 1~2년 동안 불황에도 끄떡없이 버티는 브랜드들을 살펴보면, 모두 꾸준한 트래픽을 유지하고 있음을 알 수 있다. 전부 자연발생적인 것은 아니다. 꾸준히 드라마에 PPL을 태운 끝에 한순간에 터지기도 하고, 신규 매장을 꾸준히 오픈한 덕에 사람들의 트래픽에 남아 있는 브랜드도 있다. 자체적으로 시작한 유튜브 쇼츠가 인기를 견인한 브랜드도 있고, 매각 이슈로 트래픽이 오른 곳도 있다. 어쨌거나 기억할 점은 이들 브랜드가 직원이나 매장처럼 트래픽을 '관리'하고 있다는 사실이다.

청기와타운도 트래픽을 유지하기 위해 다양한 활동을 했다. 우선 홈쇼핑에 나가서 갈비를 팔았다. 그때까지 청기와타운은 20~30대는 잘 알지만 50~60대에게는 낯선 브랜드였다. 홈쇼핑에 출연했더니 가족 단위로 오는 손님이 늘었고, 장년층에서도 알아보는 일이 잦아졌다. '청기와타운 BBQ'라는 이름으로 클럽을 열어 인플루언서를 초대하기도 했다. 청기와타운 호빵도 만들어보고, 위스키 브랜드 메이커스마크와 위스키 페어링 팝업도 열었다. 이런 활동을 하는 동안 일반적인 바이럴보다 족히 2배는 높은 트래픽이 터졌다.

이런 트래픽은 자연발생적이라기보다는 가공한 트래

픽이다. 시간이 걸리더라도 입소문을 타고 발생하는 자연스러운 트래픽이 최고지만, 어제 먹은 식당 음식이 얼마나 맛있었는지 알아서 퍼뜨려줄 사람이 과연 몇이나 될까. 누군가 옆에서 "어제 먹은 우동 참 맛있었잖아. 다음에 또 가자" 하고 말해줘야 떠올리는 게 일반적이다. 자연발생적인 트래픽이 일어날 확률은 낮을 수밖에 없으므로 트래픽을 일으키는 노력을 게을리하면 안 된다. 신메뉴 출시도 크게 보면 '트래픽'을 위한 것이다. 트래픽 관리는 우리 브랜드에 꾸준히 물을 주며 관리하는 일과 같다. 장기적으로 그리고 지속적으로 트래픽이라는 능선을 넘고 넘어야 오래가는 브랜드가 될 수 있다.

폐업을 고민하는 사장을 위한
6가지 현실 조언

운영하던 가게를 접는 일은 누구에게나 어려운 결정이다. 자신의 노력이 부족해서 실패한 게 아님을 알면서도 자책부터 하게 된다.

장사가 부진한 이유는 생각보다 단순하다. 처음부터 들어가지 말아야 할 상권에 들어갔거나, 하지 말아야 할 아이템에 도전했거나, 잘못된 운영방식을 고집했을 가능성이 높다. 하지만 이미 지나간 과거를 바꿀 수는 없다. 지금 할 수 있는 선택은 남은 자원으로 최선을 다해 재도약을 준비하거나, 미련 없이 정리하는 것뿐이다. 만일 다시 시작하고 싶다는 마음이 조금이라도 있다면 다음과 같이 작은 것부터 바꾸는 시도를 해보길 바란다.

≫1_ 테이블 줄이기: 여유가 곧 전략이다

매출이 부진할수록 가게를 가득 채우고 싶은 마음이 든다. 더 많은 손님을 받기 위해 테이블을 늘리는 경우도 많다. 하지만 역설적으로, 테이블이 많을수록 가게는 비어 보인다. 현재 점포 가동률이 80% 이하라면, 테이블 수를 과감히 줄여보는 것도 방법이다.

가게는 항상 '거의 꽉 찬 느낌'을 주는 것이 좋다. 손님들은 왠지 바빠 보이는 가게에 더 끌린다. 반대로 빈 테이블이 많으면 손님이 들어오다가도 머쓱해져서 나갈 가능성이 크다. 차라리 테이블을 줄이고, 남는 공간은 인테리어 소품을 두거나 배치를 바꾸는 편이 낫다. 손님이 '이 가게는 적당히 붐비면서도 내가 앉을 자리가 딱 있다'는 인상을 받게 하는 것이다.

≫2_ 사장님이 직접 뛰면 단골이 생긴다

가게 상황이 어렵다면, 직접 매장에 나서보자. 장사에서 가장 어려운 관문은 첫 단골을 만드는 것이다. 이때 단골은 단순히 가게에 자주 오는 손님이 아니라 '사장님'을 기억하는 사람이다. 사장님이 직접 나서서 손님과 눈을 맞추고, 이야기를 나누고, 이름을 기억하려는 노력을 해보자. 작은 대화는 단골을 만든다. "오늘은 뭐가 제일 맛있나요?"라는 질문에 직원이 아닌 사장님이 답하는 것만으로도 손님은 가게에 조금 더 호감을 갖게 된다.

또한 단골 만들기의 핵심은 기다림이다. 단골은 하루아침에 만들어지지 않는다. 한 명 한 명과의 만남이 쌓여야 팬이 생긴다. 그러니 손님과의 대화도 하루이틀에 끝나서는 안 된다. 사장이 당연히 해야 할 일이라 생각하고 매일 손님을 맞자. 뒷전에만 있던 사장이 갑자기 홀에 나서면 직원들이 어색해할 수도 있지만, 이 과정에서 가게 분위기도 달라질 것이다.

» 3_ 가격을 올리는 대신 객단가를 높이는 방법을 고민하라
객단가를 높인다는 말이 무조건 메뉴 가격을 올리라는 뜻은 아니다. 핵심은 손님이 매장에 더 오래 머무르고 더 많이 주문하는 환경을 만드는 것이다. 우선 묶음 메뉴 전략이 있다. 단품 메뉴 대신 두 가지 이상의 메뉴를 묶어 제공하거나 '몇 명 이상이 오면 할인' 같은 프로모션을 하면 객단가를 높이면서 손님에게 선택의 부담도 덜어줄 수 있다.

회전율이 아닌 체류 시간을 늘리는 것도 방법이다. 손님이 더 오래 머무르게 하는 것이야말로 최고의 마케팅이다. 작은 디저트를 제공하거나, 음식을 기다리며 읽을 수 있는 재치 있는 메뉴 설명서를 테이블마다 비치하는 등 사소한 장치가 손님을 붙잡아두는 요소가 된다.

» 4_ 내 가게를 객관적으로 점검해보자

요즘 손님들은 매장에 방문하기 전 반드시 온라인에서 검색을 해본다. 나는 과연 한 달에 몇 번이나 우리 가게를 검색해보고 있는가? 손님들의 리뷰를 꼼꼼히 읽고, 내 가게가 온라인에서 어떻게 보이고 있는지 확인하는 것은 필수다. 꾸준히 하기 어렵다면, 다음 3가지만이라도 반드시 실행해보자.

• 검색 데이터 체크: 손님이 한 달에 우리 가게를 몇 번이나 검색하는지 확인하자.

• 퍼포먼스 마케팅 분석: 광고비 대비 방문율, 전환율, 재방문율을 꾸준히 점검하자.

• 문제 파악: 가게는 잘 노출되는데 방문율이 낮다면, 매장 외관이나 입구의 첫인상이 문제일 가능성이 높다.

» 5_ 시간을 투자하라, 사장이 가장 오래 머물 곳은 가게다

많은 사장님들이 매출 부진으로 스트레스를 받을수록 가게에서 멀어지려 한다. 그러나 매출이 잘 오르는 가게일수록 사장님이 가게에 머무르는 시간이 길다.

가게에서 시간을 보내며 손님을 관찰하고, 손님이 가장 즐겨 앉는 자리와 그 이유를 분석해보자. 직접 소비자가 되어 가게를 경험해보는 것도 큰 도움이 된다. 음식 맛은 어떤지, 서비스는 어떤지, 외부에서는 어떻게 보이는지 점검해보자. 가게에 오래 머물면 눈에 보이지 않던 문제들이 하나둘 보이기 시작한다. 매출이 바로 오르지 않더라도, 가게에 머물면서 직접 경험하는 시간은 향후 방향성을 결정하는 데 큰 도움을 준다.

» 6_ 정리의 순간이 오면 미련을 버리자

뼈아픈 이야기처럼 들릴지 모르지만, 가게를 접는 것이
무조건 실패를 의미하지는 않는다. 상황이 어렵다면 미
련을 두지 말고 과감히 정리해야 한다. 물론 그 전에 모든
방법을 시도해보고, 스스로 납득할 수 있는 결정을 내려
야 한다. 아무리 노력해도 정리해야 할 순간이 온다면, 빠
르게 정리하고 새로운 시작을 준비하는 것이 좋다. 결정
을 미루는 것이야말로 가장 큰 손해다. 사장이 헛되이 흘
려보내는 시간은 돈을 잃는 것만큼, 아니 그보다 훨씬 더
아깝게 여겨야 한다. 폐업은 끝이 아니라, 또 다른 기회를
위한 전환점이 될 수 있음을 잊지 말자.

장사와 부동산,
매장을 사고 팔며 배운 것들

직원으로 일하다 독립해서 처음 내 가게를 차렸을 때였다. 1년쯤 지나서였을까, 하루하루 정신없이 장사를 하고 있는데 건물주가 갑자기 나가달라는 요구를 했다. 장사도 잘되고 아무런 문제 없이 돌아가던 매장이었다. 다행히 임대차보호법의 보호를 받아 그 후로 5년 정도 영업을 할 수 있었지만, 그 말을 들은 순간부터 내 첫 가게는 '떠나야 하는 곳'이 되어버렸다. 장사하는 와중에도 두 번째 매장을 어디에 내야 할지 늘 촉각을 곤두세우며 시간을 보냈다.

이런 경우가 생각보다 드물지 않다. 운 좋게 분쟁을 겪

지 않는다 해도 남의 건물에 꼬박꼬박 월세를 내다 보면
차라리 조금 무리해서라도 내 건물을 사서 은행이자를
내거나, 매출이 들쭉날쭉해도 불안해지지 않게끔 꼬박꼬
박 임대료가 들어오는 구조를 만들고 싶은 생각이 든다.
이런 고민은 자연스럽게 부동산에 대한 관심으로 이어진
다.

권리금 있는 매장을 수없이 팔아보고 사보았더니 부동
산 투자나 건물 매입 등에 대한 질문을 심심치 않게 받는
다. 부동산을 함으로써 장사에 소홀해지는 것 아니냐는
뉘앙스가 담긴 질문도 간혹 있다. 부동산을 어떻게 바라
보느냐의 시각 차이다. 장사하는 사장은 부동산에 얼마
나 관심을 가져야 할까?

결론부터 말하자면, 우리는 반드시 부동산에 관심을
가져야 한다. 다만 투자가 아닌 생존의 차원에서다. 외식
업은 '유동성'을 벌 수 있는 강점이 있는 만큼, 매장의 생
존을 위해서라도 부동산에 대한 기본적인 지식은 알아둘
필요가 있다. 꼭 규모 있는 건물을 사라는 말이 아니다.
내가 다음에 들어갈 매장을 정하는 일도, 좋은 건물주를

알아보는 일도 사장이 갖춰야 할 부동산 지식에 포함된다. 여기서는 부동산 투자나 임대료, 투자성에 대한 내용보다는 매장을 사고팔 때, 또는 매장 위치를 고를 때 염두에 두어야 할 것들 위주로 소개하려 한다.

첫째, 점포를 매수할 때 가장 먼저 고려할 사항은 내가 매입한 금액에 다시 팔 수 있느냐다.

"이 가격에 다시 팔 수 있을까?" 사업에서 실패할 가능성은 항상 존재하므로, 실패했을 때 금전적 손실을 최소화할 수 있는 매물인지 판단해야 한다. 그런 기준으로 보면 좋은 매물을 찾는 것도 중요하지만 나쁜 매물을 피하는 것이 우선이다. 매물이 지나치게 많이 나와 있는 지역은 신중하게 살펴보자. 이런 곳의 매장은 권리금을 포기하거나 보증금을 손해 보며 나올 가능성이 크다. 권리금을 포기한다 해도 해당 지역에 매물이 너무 많으면 팔고 나오는 것 자체가 어렵다.

둘째, 본 계약이 이루어지기 전에 문제가 생겼을 때 계약을 취소할 수 있는 조항이 있는지 살피자. 즉 사전에 '대항력'을 갖추라는 것이다.

좋은 건물주를 어떻게 알아보냐는 질문도 많이 받는데, 건물주의 성향을 파악하는 것도 사장의 일이다. 건물주를 만나서 이야기해보면 시그널을 감지할 수 있다. 나는 이전 임차인이 얼마나 있다가 나갔는지, 과거에 임대료를 몇 개월 주기로 올렸는지 등을 꼼꼼히 물어보며 직접 확인하는 편이다. 상대방에게 실례가 될까 싶어 민감한 질문을 하지 않는다는 분들도 있는데, 내 인생이 걸린 문제이기에 철저히 따지는 것이지 사회적인 매너가 없어서 캐묻는 게 아니지 않은가. 별다른 문제 없는 건물주라면 자연스럽게 대답해줄 것이고, 좋은 기분으로 계약을 하면 된다. 계약은 반드시 해야 하는 것이 아니다. 건물주나 권리 양도자가 지나치게 까다로워 보이면 과감히 포기하는 것도 방법이다.

경험을 토대로 몇 가지 팁을 드리자면, 같은 건물에 거주하거나 상주하는 건물주는 피하는 것이 좋다. 이런 건물주는 상권의 흐름에 민감하고, 임대료와 관리비를 올릴 가능성도 높다. 또한 상속받은 건물은 세금 문제로 인해 임대료가 과도하게 상승할 가능성이 높다. 건물주가 상속세를 내기 위해 급하게 건물을 파는 일도 드물지 않게 일어난다. 대출이 과도하거나 지분권자가 많은 경우도 신중히 검토해야 한다.

셋째, 성공적인 계약은 시간에 쫓기지 않는 상태에서 진행하는 계약이다. 성급하게 계약을 진행할수록 실패 확률이 높아진다. 급한 쪽이 지는 것이다. 충분히 고민하고 필요한 정보를 모두 수집한 후에 계약을 진행하면 훨씬 더 유리한 패를 쥘 수 있다. 매도는 감가상각비와 직결된 일이므로, 장기적으로 유지해도 손해 보지 않을 안정적인 매물을 신중히 고르는 것이 관건이다.

매수하기로 마음먹었다 해도 느긋함은 필수다. 협상 시에는 처음부터 상대가 원하는 금액에 맞춰주지 않는 게 절대적으로 유리하다. 낮은 금액부터 시작해 상대방과 타협할 여지를 만들어가야 한다.

외식업에서 부동산은 단순히 가게가 위치한 땅 이상의 의미를 가진다. 장사에 필요한 고객 유입, 고정비 관리, 브랜드 정체성, 안정성까지 모두 부동산과 연결된 문제다. 장사를 시작할 때 좋은 자리를 고르는 것만큼이나 그 자리를 어떻게 유지하고 활용할지 고민하는 것도 중요하다. 뿌리가 튼튼해야 나무가 흔들리지 않고 오래갈 수 있듯이, 부동산의 안정성이 장사의 성공을 좌우한다 해도 과언이 아니다. 이처럼 중요한 일인 만큼 부동산 업체의 조언을 맹신하기보다는 믿을 수 있는 매물 위주로 검토하면서 스스로 최종 결정을 내리도록 하자. 처음 시작이 어렵지 경험이 쌓이면 감도 생길 것이고, 무엇보다 부동산이라는 자산을 통해 장사를 오래 할 수 있다는 자신감도 생길 것이다.

일하는 사장의 생각노트

어디서 무엇을 어떻게 팔 것인가

일의 범위

에어컨이 고장났으면 수리기사를 부르는 것이 첫 번째 일이요,
가스가 떨어져서 충전해야 하는지 용량이 부족해 추가 설치를 해야
하는 건지 빨리 결정해서 손님에게 덥다는 이야기가 또 나오지 않게
하는 게 두 번째 일이다.
에어컨 기사님이 제시한 가격이 합리적인지 다른 기사님에게
확인하는 것이 세 번째 일이고, 앞으로도 정기적으로 부를 테니
10%만 네고해달라고 부탁해보는 것이 네 번째 일이다.
일이 다 끝나면 수고하셨다며 음료수 한 잔 드리는 게 도리이며, 혹시
근처 오시면 꼭 식사하러 오시라고 명함 뒤에 '음료수 서비스'라고
써서 손님으로 올 수 있게 하는 게 마지막 일이다.
나는 어디까지 일하고 있는지 꼭 한 번 확인해볼 일이다.

불경기에 할 일

첫째, 매출에 알맞은 적정 인원을 맞춰야 한다. 남는 인원은 휴가를 보내거나 파트타임으로 전환하거나 해야 한다.

둘째, 사고는 한가할 때 일어나는 경우가 많다. 긴장의 끈을 놓치지 않도록 대청소를 하거나 가게를 정비해야 한다. 핵심은 분위기가 느슨해지지 않도록 인원수와 업무량을 맞추는 것이다.

셋째, 지금도 누군가는 돈을 벌고 있을 것이다. 돈을 벌던 사람이 벌지 못한다는 건 둘 중 하나다. 정말 경기가 좋지 않거나 흐름이 바뀌었거나. 흐름이 어느 쪽으로 흘러가고 있는지 항상 촉각을 곤두세우고 지금 돈을 버는 사람들은 어떻게 버는지 파악해야 한다. 어떻게 하면 그들에게서 뭐라도 배울 수 있는지 고민해야 한다.

내가 만나는 사람은 모두 나의 고객

직원도 쉬는 날에는 나의 고객이 될 수 있고, 블로그 체험단도 때와 상황에 따라 나의 고객이 된다. 실제로 꽤 높은 비율로 실제 고객으로 전환된다.

할인을 해주든 서비스를 주든 내 가게의 문턱을 넘어오는 사람은 모두 나의 고객이니 들어올 때 인사, 나갈 때 인사, 잠깐 자리를 비울 때도 인사 남기고 나가시길.

우리 가게에 채소 가져다주는 아저씨도 가족과 식사하러 올 수 있고, 술 납품하는 주류 도매상도 거래처와 한잔하러 올 수 있고, 하물며 1년에 한두 번 오는 요식업중앙회 회원들도 동창회라도 할 수 있는 고객임을 잊지 마시길.

트렌드에 탈 것인가, 타지 않을 것인가

무엇을 팔 것인가, 아이템을 정하는 일이 창업의 시작이다. 누구에게
팔지도 중요하지만, 결국 팔고 싶은 것이 있어야 사업이 된다.
잘 팔리는 아이템을 어떻게 찾을 수 있느냐는 질문을 자주 받는데,
정답은 없다. 그것은 나만이 알고 있다. 동네도 다녀보고, 잘되는
상권도 탐방해보고, 평소 자신 있는 음식이나 최신 트렌드가
무엇인지 찾아보며 스스로 정해야 한다. 머릿속에서 더 이상 어떤
아이디어도 나오지 않을 때까지, 절벽 같은 포인트를 만날 때까지
자신을 밀어붙여야 한다.
이때 트렌드를 탈 것인가, 트렌드와 관계없이 내가 하고 싶은 것을
할 것인가가 중요한 판단의 축이 된다. 트렌드를 탄다는 것은 지금
소비자들이 무엇을 원하는지 읽을 줄 안다는 뜻이다.
이렇게 본다면 설령 트렌드를 타지 않겠다는 결정을 하더라도
'트렌드 읽는 눈'은 반드시 있어야 한다. 자신이 하고 싶은 아이템을
택하는 쪽이 노를 젓는 일이라면, 트렌드를 타는 쪽은 파도를 타는
일과 같다.

가격을 어디까지 올려야 하는가

최근 식자재 가격이 정말 많이 올랐다. 인건비도 절대적으로 많이
오르지는 않았지만 대신 휴무나 복지가 늘었다. 정신 바짝 차리지
않으면 세금 내면 남는 게 없는 '껍데기 식당'이 되기 쉽다.
이런 상황이라면 사장으로서 무언가 결정해야 한다. 가격을 올려야
하나? 그러나 이런 이유라면 결정을 최대한 유보하라고 권하고

싶다. 가격 인상은 매출을 올리는 수월한 선택 중 하나지만, 경험상 객단가가 오르면 객수가 떨어져 결과적으로 이익이 늘어나기는 어렵다. 오히려 경쟁자가 추가로 들어올 빌미를 줄 수 있다.

그렇다면 무엇을 고민해야 할까? 이 두 가지를 먼저 고민하자.

첫째, 우리 식당은 효율적으로 돌아가고 있는가?

둘째, 우리 식당은 가격을 올려도 이탈하지 않을 정도의 진성 고객을 확보하고 있는가?

경쟁에서 이기는 방법

경쟁에서 이기는 방법은 간단하다.

경쟁자보다 고민을 더 하면 된다.

그게 전부다.

한 가지 더, 내가 가진 정보가 남들보다 우위에 있는지도 점검해야 한다.

만일 그렇지 않다면 내가 가진 정보를 업데이트해야 하니까.

나보다 우위에 있다고 여기는 사람과 친해지거나,

가서 비용을 내고 물어보거나, 그것도 아니면

더 좋은 정보를 가진 사람보다 더 많은 고민을 하면 된다.

정보가 나에게 오지 않는다면, 정보가 있는 곳으로 가면 된다.

사장이 해야 할 일 중에서 가장 중요한 것 중 하나가 나의 정보를 꾸준히 업데이트하는 것이다.

트래픽과 트렌드, 누가 관리할까

사장이 직접 관리하냐는 질문을 받는다. 규모가 커지면 직원들에게 맡기는 게 낫지 않냐는 질문도 받는다.

직원에게 10을 이야기하면 전달되는 가치는 5로 줄어든다고 보면 된다. 즉 위임하는 일은 그 가치가 반으로 줄어든다. 이 사실을 받아들이지 못하겠다면 위임하지 말아야 한다.

이렇게 말하면 "어떤 직원은 시키니까 더 잘하던데요, 2배로 해오던데요?"라고 말하는 분들이 있다. 그런 사람이 우리 가게에 온다는 보장도 없고, 그럴 확률은 희박하다.

위임할 거면 체크하면서 함께 문제를 해결해나가길 권한다. 그래야 본전이라도 찾지, 그게 안 되면 매출이 빠진다.

"저희 가게, 왜 오셨어요?"

큰돈을 투자했으니 빨리 적정 매출이 나오면 좋으련만, 처음부터 대박 나는 일은 드물고 아주 천천히 매출을 끌어올려야 하는 경우가 대부분이다. 장사는 감가상각비, 월세 등 매출과 상관없이 나가는 고정지출이 큰 비중을 차지하기에, 매출이 안 나온다고 두 손 놓고 있을 수만은 없다. 그럴 때 가장 먼저(그리고 자신 있게) 할 일은 가게에 오는 손님에게 직접 물어보는 것이다.

마케팅만으로 쌓아올린 탑은 모래성과 같다. 초반에는 손님들이 몰려들어 시끌벅적할 수 있어도 '무조건 홍보'는 금방 사그라들며, 오히려 반감을 살 수도 있다. 돈만 쓰고 끝내지 않으려면 자연적으로 발생한 고객군이 탄탄하게 지탱해줘야 한다. 그런 고객들을 더 많이 확보하려면 지금 고객이 우리 가게를 찾아오는 이유를 알아야 하니, 손님들에게 먼저 물어보자는 것이다. 나는 실제로 예상외로 매출이 많이 나오는 날에는 손님에게 "왜 오셨어요?"라고 꼭 물어본다. 그래야 성공을 반복할 수 있을 테니까.

초보 사장에게 필요한 능력

"당신은 무슨 일이든 열심히 했잖아." "은근 요리 잘하던데?" "뭐든 잘할 것 같아."

어떤 멘트에 끌려 식당이란 것을 하게 되었는지 모르겠지만, 몇 개월 지나보면 데모 게임과 생존 게임은 꽤 다르다는 것을 실감하게 된다.

오프닝 세레모니는 끝났고, 지금부터 '끝나지 않는 게임'이 시작된 것이다.

우선 제품력을 체크해보자. 본인의 입맛에 맞거나 큰 차질이 없다면 지속적으로 식당을 알려야 한다. 온 사람도 또 오라고 하고, 안 온 사람은 왜 안 오냐고 해야 한다.

사람들의 기억에서 잊혀지면 안 된다. 지인이든 손님이든 우리 식당은 당신들의 도움과 관심이 필요하다는 것을 지속적으로 알려야 한다. 오면 뭐라도 하나 더 주고, 나는 당신과 특별한 관계임을 말하고 느끼게 해줘야 한다.

그게 힘들어질 때쯤이면 돈을 써야 한다. 체험단도 부르고 마케팅 업체에 연락을 해야 한다.

이러한 행동을 망설여서는 안 된다. 우리에게 필요한 건 생존이다.

개인에서 조직으로,
장사에서 사업으로

3장

경영의
세계

직원 관리의 핵심은

관리하지 않아도 되는 직원만 남겨두는 것이다.

우리 조직을 어떤 사람들로 채울 것인가.

어떻게 해야 같이 일하고 싶은 곳으로 만들 것인가.

이에 대한 답은 사장이 찾아야 한다.

문제는 구인이 아니라 퇴사다

"책임감 있는 직원은 대체 어떻게 뽑나요?"

강연할 때마다 빠지지 않는 질문이다. 외식업은 사람이 전부다. 사람이 중요하지 않은 사업이 없겠지만, 외식업은 업의 특성상 사람이 없으면 돌아가지 않는다. 사람(고객)을 다시 오게 하는 것도 사람(직원)이 있어야 가능하다. 그래서 채용의 중요성은 모든 사장이 공감하는 바다.

그러나 나는 마음에 드는 직원을 뽑는 건 둘째 문제라고 말한다. 직원 관리가 먼저다. 이렇게 말하면 관리할 직원 뽑기도 어려운데 한가한 말이라고 볼멘소리를 하는 분들도 적지 않다. 구인난을 부정하는 것은 아니다. 인구

감소까지 언급하지 않아도 일할 사람이 귀한 시대다. 그 럴수록 구인의 관점을 바꾸어볼 필요가 있다. 사람을 빨리 뽑고 싶다는 것은 어찌 보면 욕심이다. 대체로 누군가가 그만둘 때 구인을 하게 되니, 사장 입장에서 애가 타는건 당연하다. 하지만 급하게 구한다고 좋은 직원이 온다는 보장이 있을까? 서두를수록 오히려 마음에 드는 사람을 뽑기가 더 어려워진다.

그러니 갑작스럽게 사람을 보충해야 하는 상황이 발생하지 않도록 하는 것이 우선이다. 평소에 잠재적 퇴사자가 있는지 살피자. 일종의 대비다. 직원이 언제 그만둘지 의심의 눈초리로 바라보라는 것이 아니라, 직원에게 애정과 시간을 할애하라는 것이다. 나와 함께 일하는 친구가 어떤 생각을 하고 있는지 조금만 신경 써도 갑작스러운 퇴사를 조금이나마 줄일 수 있다.

지금은 이렇게 말하지만 나 역시 별의별 일을 다 겪었다. 무단결근은 기본이고 일하다 아무 말도 없이 사라지는 사람, 하루 일하고는 그만두겠다며 카톡으로 계좌번호와 인사를 남기는 사람, 우리 회사의 건승을 빌면서 돈을 안 주면 노동청에 신고하겠다는 사람, 직원들에게 거액을 빌리고 잠수 탄 사람… 도저히 상식적으로는 납득할 수 없는 일들을 겪으면서 내린 결론은 사람을 잘 뽑는 방법은 아무리 연구해도 정답이 없다는 것이었다. 구인의 핵심은 '사람을 떠나지 않게 하는 것'이다. 왜 직원이 그만두었는지, 왜 상식적인 사람이 떠나갔는지를 파악하고 개선하지 않으면 문제는 해결되지 않는다.

직원 관리의 핵심은 관리하지 않아도 되는 직원만 남겨두는 것이다. 우리 조직을 어떤 사람들로 채울 것인가, 어떻게 해야 함께 일하고 싶은 곳으로 만들 것인가. 이에 대한 답은 사장이 찾아야 한다. 결국은 사장의 태도다. 사장이 인사를 하지 않는데 인사 잘하는 직원을 뽑을 수 있을까? 제대로 된 사람을 채용하고 싶다면, 나부터가 그렇게 행동하고 있는지 자문해봐야 할 것이다.

» 내가 만나는 모든 사람이 잠재적 동료다

그렇다면 채용에는 왕도가 없다는 말인가? 정답은 없지만 몇 가지 생각을 전환하면 힌트를 얻을 수 있다.

가장 먼저, 이제 '무료 공고'로 사람을 구하는 시대는 끝났음을 받아들이자. 구인도 경쟁이다. 나도 직원 한 명을 채용하는 데 적어도 20만~30만 원은 쓰고 있다. 다행히 취업 플랫폼뿐 아니라 당근마켓, 파출사무실, 알바 구인 사이트 등 구인 채널은 점점 다양해지고 있다. 청기와타운의 경우 파출사무실에 미리 선결제를 해두고 사람이 구해지면 돈을 차감하는 방식을 쓴다. 어차피 그쪽에서 보내준 사람이 얼마나 오래 일하는지는 우리 책임이므로, 적합한 사람을 보내주는 것만으로 감사하다는 생각으로 선결제하는 것이다.

직원 추천제도 적극 활용한다. 직원이 추천한 입사자가 3개월 이상 근무하면 포상금을 지급하는데, 그 과정에 사장인 나는 일절 개입하지 않는 것을 원칙으로 삼는다. 새로 입사한 직원의 적응을 돕는 것은 회사의 일이며, 설령 입사자가 문제를 일으켰다 해도 소개한 사람에게 책임을 묻거나 탓해서는 안 된다. "사례금까지 주면서 뽑았는데 얼마 다니지도 않고 그만두네…" 하는 식으로 누군가를 원망할 가능성을 미리 차단하는 것이다.

처우가 좋아야만 채용이 잘되는 것도 아니다. 물론 다른 회사보다 급여를 더 주고 대우를 잘해주는 것은 절대적으로 중요하지만, 그런 조건으로 직원을 찾는 데에는 한계가 있다. 사람과의 만남에서 첫인상을 간과할 수 없듯이 채용에서도 첫 만남을 다르게 가져갈 필요가 있다. 뽑고 싶은 사람이 있다면 월급은 얼마고 휴무는 한 달에 몇 번이라는 정해진 이야기보다, 이력서를 보고 어떤 점에 끌려서 만나보고 싶었다는 식으로 '인간적으로' 접근해보는 것이다. 상대방이 살아온 내력으로 시작된 대화는 나중에 일을 할 때도 도움이 된다. 훗날 "내가 그때 이런 이유로 채용했잖아"라고 말할 수 있는 직원과 그렇지 않은 직원은 일을 대하는 태도가 다르다.

처음부터 회사를 향한 엄청난 애정을 갖고 들어오는 직원이 몇이나 될까. 전쟁 같은 오픈도 겪어보고, 같이 매장 불을 끄고 퇴근도 해보고, 서로 부대끼며 목표를 이뤄가는 과정에서 회사에 대한 애정도 생길 텐데, 그러한 시간을 견디려면 뽑는 방식을 조금은 달리해볼 필요가 있지 않을까. 채용공고를 내놓고 무작정 기다리기보다 인재검색을 적극적으로 활용하며, 내 관심을 끄는 이력을 가진 사람이 있는지 찾아보라는 것도 같은 맥락이다.

일본 후쿠오카에 가면 '교자 라스베가스'라는 식당이 있다. 깔끔하고 활기찬 분위기의 교자 바인데, 이곳에서 저녁을 먹던 와중에 재미있는 사실을 발견했다. 이 식당의 메뉴판 밑에는 '면접권'이 있는데, 면접을 보는 사람에게는 그날 밥값을 받지 않는다는 것이다. 손님에게 면접을 권한다니? 신선한 발상에 호기심이 생겨 식당이 돌아가는 모습을 유심히 지켜보았다.

가만히 보니 흥미로운 사실이 여러 가지 눈에 띄었다. 이 식당에서는 만두와 하이볼을 파는데, 하이볼 나오는 데 정말 2초도 걸리지 않았다. 가만히 지켜보니 하이볼의 재료가 되는 원액을 병에 담아두고, 서빙할 때는 얼음이 든 잔과 병만 들고 나오는 시스템이었다. 직원들이 첫 잔을 직접 타주며 시범을 보이면 나중에는 손님이 알아서 만들어 마셨다. 이 색다른 서비스 방식은 직원들의 퇴사를 막는 비결이기도 하다. 누구나 아는 일, 누구나 할 수 있는 일을 자꾸 가르치려 들면 직원은 떠난다. 일을 단순하게 하는 방법, 일손을 덜어주는 노하우를 가르쳐줘야 고마워한다.

교자 라스베가스에는 숍인숍처럼 안쪽에 작은 식당이 하나 더 있는데, 이탈리안 음식을 먹을 수 있는 '요르고'라는 레스토랑이다. 직원들이 입사하면 처음에는 교자 라스베가스에서 일을 배우다가, 어느 정도 실력이 늘면 안쪽의 요르고로 이동해 요리를 배운다고 한다. 내가 외식업을 하는 사람이라 더 유심히 봤을 수도 있겠지만, 성장의 흐름을 이렇게 눈에 보이는 프로세스로 설계하니 직원들에게 동기부여도 되고 손님들에게 긍정적인 인상을 줄 수 있겠구나 싶었다. 면접권 역시 마찬가지다. 손님들이 농담 반 진담 반으로 함께 온 일행에게 면접을 보라고 권하는 모습을 보며, 이 모든 것이 사람을 뽑는 방법이자 절묘한 브랜딩임을 깨달았다.

청기와타운에도 손님으로 왔다가 일하게 된 직원들이 있다. 나의 개인 인스타그램 계정으로도 DM을 보내는 손님들이 있는데, 매장에 대한 컴플레인을 하기도 하고 예약을 부탁하기도 한다. 그중에는 우리 회사에 입사하고 싶다, 나와 함께 일하고 싶다, 자신도 성공한 사업가가 되고 싶다고 메시지를 보내는 분들도 있다. 나를 한 번도 만난 적 없고 잘 알지도 못하는 분들이 연락해오는 걸 보면서, 사소한 이야깃거리도 고객들에게 얼마든지 의미 있는 브랜딩 파워로 확산될 수 있겠다는 생각이 들었다. 교자 라스베가스의 면접권처럼 말이다.

우리 가게의 고객은 누구인가? 식당에 음식을 먹으러 오는 사람만이 고객은 아닐 것이다. 고객을 정의하자면 결국 '우리에게 득이 되는 사람'이다. 혹시 지금 함께 일하는 고객을 놓치고 있지는 않은가? 진지하게 생각해볼 일이다.

좋은 직원을 어떻게 뽑을까

본격적인 채용에서, 면접은 누가 봐야 할까? 그 사람을 직접 쓸 사람이 봐야 한다. 아르바이트생을 구할 거면 직원이 면접을 봐야 한다. 직원을 뽑는다면 점장이, 점장을 뽑을 땐 사장이 면접을 봐야 한다. 사장이 아르바이트생이나 직원까지 직접 채용해놓고서 매니저나 점장에게 왜 관리를 못하냐고 탓한다면 어떤 일이 벌어질까.

나는 직원들에게 가끔 '자신의 일을 두 손 위에 올려놓고 하라'는 조언을 한다. 자신의 일에 대해서는 누구도 간섭하지 못하게 하는 대신, 전적으로 책임을 지라는 말이다. 당연히 회사에서는 직원이 일하는 데 불편을 느낄 만한 요소, 핑계가 될 만한 외부 요인들을 없애줘야 한다. 그렇지 않으면 직원은 일이 잘 안 풀릴 때 남 탓, 환경 탓을 하기 쉽다. 아니, 그러는 게 당연하다. 자기가 데리고 일할 사람은 직접 뽑으라는 것도 그 때문이다. 청기와타운의 경우 내가 직접 면접을 보는 일은 드물고, 담당자들이 회사에서 만든 면접평가표에 맞춰 면접을 진행한다. 무엇을 평가해야 하는지 기준은 각각의 회사마다 다를 것이고 핵심가치에 맞춰 항목을 준비하면 된다.

면접에서 하는 가장 큰 실수는 '좋은 직원'과 '좋은 사람'을 헷갈리는 것이다. 사람을 기준으로 두면 좋은 직원을 뽑기 어렵다. 면접은 멋있는, 눈에 띄는 삶을 살아온 사람을 찾는 것이 아니다. 어떤 사람을 뽑을지 생각하기보다, 어떤 일을 맡길지부터 정해놓고 그 일에 맞는 사람인지 판단하는 게 낫다. 가령 점장을 구할 때는 직접 직원들을 관리해봤거나, 누군가를 성장시켜본 경험이 있거나, 작은 조직을 주체적으로 운영해본 사람이 적합하다. 큰 조직에서만 일한 사람들은 분업화에 익숙해서 자기가 맡은 역할은 잘해낼지 몰라도 나머지 것들을 배워나가는

데 다소 시간이 걸린다.

과거에 내가 면접을 볼 때는 몇 가지 개인적인 기준을 정해놓고 그에 맞는 사람을 뽑으려 했다. 첫 번째는 출퇴근 거리였다. 식당과 사는 곳은 가까워야 한다. 집이 멀다고 무조건 탈락시키는 건 아니지만, 그래도 몸으로 하는 일이기에 체력을 고려하지 않을 수 없다. 다음으로는 회사와 직원 간에 분쟁이 일어났을 때 어떻게 해결할 것인지 묻는다. 그중에서도 일을 그만두고 싶을 때 어떻게 하는지, 퇴사할 때 어떻게 하는지를 가장 중요한 판단기준으로 삼는다. 대체로 그것만으로도 가늠이 된다. 다수를 상대로 같은 질문을 해보면 나와 생각이 맞는 사람들을 금세 알아볼 수 있다.

의외로 이력서에 쓰인 이력에 대해 자세히 묻는 사람들도 많은데, 굳이 나쁘게 대답할 것도 아니므로 이력서는 정확한 측정도구가 될 수 없다. 다만 어느 정도 일했는지, 얼마나 일하다 그만뒀는지 근무기간은 확인해볼 필요가 있다.

이렇게 말은 하지만 일할 사람만 있으면 누구든 뽑겠다는 것이 많은 사장님들의 솔직한 심정일 것이다. 물론이해는 되지만, 그 마음이 그대로 표출되면 곤란하다. "오늘부터 일할 수 있나요?" 이런 말을 하는 순간 사장은 불리해진다. 회사 역시 제대로 된 조직이라는 이미지를 주기 어렵다. 아무리 작은 가게를 운영한다 해도 계획을 명확하게 짜고 그에 맞게 실행해야 한다. 무엇보다 확실한기준을 갖고 내린 판단이어야, 시간이 지난 후에 후회하지 않을 수 있다. 그 직원이 문제를 일으키더라도 사람의문제가 아니라 '상황의 문제'였을 거라고 생각할 수 있다. 충분히 검토하지 않고 급하게 채용하면, 어떤 문제가 생겼을 때 그 당사자를 먼저 탓하기 쉽다.

무엇보다 사람을 신중하게 뽑아야 하는 이유는, 나의하루를 깨뜨리지 않기 위해서다. 앞에서도 말했지만 문자로 하는 퇴사 통보, 일하는 도중의 잠적, 계좌번호만 남기고 사라지는 일을 겪다 보면 사장도 사람이라 상처를받는다. 즐겁게 보내야 할 하루가 망가지고 평정심을 유지하기 어려워진다. 괜히 함께 일하는 직원들에게도 화가 난다. 당연히 조직의 사기가 꺾인다. 일하고 싶은 조직의 분위기는 전적으로 사장에게 달려 있다 해도 과언이 아니다. 나의 평정심을 유지하기 위해서라도 우리는 아무나 채용하지 않는다는 인상을 심어줘야 하고, 실제로도 그렇게 행동해야 한다. 나 역시 "우리 회사는 아무나 들어올 수 있는 곳이 아닙니다"라고 당당하게 말하기까지 많은 유혹을 견뎌야 했다.

동기부여 대신
동기를 가질 환경을 만들어라

  하나의 브랜드를 성공시켜 다른 브랜드를 시도해보려는데 믿고 맡길 직원을 구하기 어려워 고민이라는 사장님들이 적지 않다. 장사가 잘되어 2호점을 내려는데 사람을 구하지 못해서 시작조차 못 하는 곳도 있다. 그러나 처음부터 '책임감'을 갖고 입사하는 직원이 과연 몇이나 될까. 죽도록 사랑해서 결혼한 커플도 시간이 흐르면서 감정이 시들해지고 관계가 깨지기도 하는데, 전혀 모르는 남끼리 만나서 일터에서 신뢰를 쌓아가는 데에는 절대적으로 시간이 필요하지 않을까. 함께 이런저런 일을 겪는 과정에서 일에 대한 추억이 쌓이고 흔적이 쌓이고, 경력이 쌓이면서 책임감도 생기고 로열티도 생긴다.

'이런 직원이 많아지도록 어떻게 동기부여해야 하나요?' 이 질문을 정말 많이 받는다. 나 역시 식당에서 직원으로 시작했기에, 매일 크게 다르지 않은 일을 의욕 있게 하기가 얼마나 어려운지 잘 알고 있다. 스스로를 동기부여하는 것도 쉽지 않은데 남을 동기부여하기가 말처럼 쉬운가. 게다가 사장의 동기와 직원의 동기가 일치할 가능성은 매우 낮다. 결론부터 말하자면 사장이 생각하는 동기를 주입하기보다 직원의 동기가 무엇인지 찾아내는 것이 훨씬 빠르고 효과적이다.

직원으로 일할 때 가장 견디기 힘든 것 중 하나는 '지루함'이었다. 식당의 홀 서빙은 몇 개월이면 금세 손에 익는다. 같은 일을 반복하는 게 지겨워서 오늘 온 손님을 그날 한 번 더 오게 하는 것을 나의 동기로 삼았다. 나 자신과 하는 게임 같은 거였다. 당시 함께 일하던 사장님이 매일 같이 주던 새로운 미션도 일의 지루함을 견디는 데 큰 역할을 했다. 사장님의 속내는 지금도 모르겠지만, 하나를 해내면 또 다른 일이 주어졌기에 그만두지 않고 오래 다니며 일을 배울 수 있었다.

직원들이 스스로 동기부여하려면, 우선 오래 일할 수 있는 조직으로 만들어야 한다. 일단 오래 다녀야 동기가 생기지, 조금 일하고 금방 그만두는 곳에서 동기가 생길 리 없지 않다. 직원들이 대단한 목표를 갖기 바라기 전에 제대로 일할 수 있는 환경을 만들어주는 것이 동기부여의 시작임을 사장이 되고서야 깨달았다. 아무리 급여를 올려줘도 그만둘 사람은 그만둔다. 10만~20만 원씩 올려준다고 더 오래 다니거나 조직에 대한 충성도가 극적으로 높아지지는 않는다.

결국은 개인과 조직과의 관계, 그리고 교류가 중요하다. 사람에게는 누구나 자기 일을 더 잘해내고 싶은 근원적인 욕망이 있다. 이 욕망이 발현될 수 있도록 직원에게 더 좋은 동료를 구해주는 것, 상식적으로 일하기 좋은 환경을 만들어주는 것이야말로 최고의 복지이자 동기부여다. 심부름 가는 척하면서 도망가고, 꾀를 내어 조퇴하는 사람들이 속출하는 조직에서 직원들이 과연 자부심을 느끼며 일할 수 있을까?

단순히 함께 일하는 사람만이 아니다. 서비스를 받으면 고마워할 줄 아는 손님, 사람을 동등하게 대하는 손님들로 우리 매장을 채워야 한다. 접객을 하다 보면 사람이 하는 일인지라 크고 작은 실수가 일어나곤 하는데, 문제를 해결하고 충분히 진정성 있게 사과했는데도 화를 거두지 않고 지나치게 항의하는 손님이 간혹 있다. 그럴 때면 손님이라고 해서 무조건 고개 숙이지 않는 것을 원칙으로 삼는다. 손님과 직원이 서로 "감사합니다"라는 말을 주고받는 문화를 만드는 것, 좋은 사람들을 또 오게 하는 것이 직원들이 오래 일하게 하는 비결이다.

이 과정에서 사장의 역할은 절대적이다. 식당을 하다 보면 직원들끼리 갈등을 빚거나 별것 아닌 일로 싸우기도 한다. 그럴 때 누구 편을 들어야 할까? 오래 다닌 직원? 일 잘하는 직원? 싸움을 먼저 일으킨 직원? 나는 그냥 양쪽 다 잘못한 것으로 간주해 주요 업무에서 배제한다. 싸움을 일으킨 것만으로도 언제든 더 큰 싸움을 일으킬 가능성이 있다고 생각해서다. 나와 판단 기준이 다른 사장님도 있을 것이다. 중요한 것은 원칙이 있고 그걸 지키느냐 여부다. 사장이 그날 기분에 따라, 상황에 따라 판단하는 것이 아니라 확실한 기준을 갖고 운영한다는 믿음을 줄 때부터 장기 근속자가 나오기 시작한다. 5년 다니는 직원, 10년 다니는 직원이 따로 정해져 있는 것이 아니다. 오래 다니는 직원이 우리 조직에 없다면? 전적으로 사장의 책임이다.

하나 덧붙이자면, 직원이 일을 못하거나 실수를 하더라도 화를 내서 좋을 것은 없다. 사장은 화를 낸다고 생각하겠지만, 받아들이는 직원은 혼났으니 이제 미안할 일도 없다고 생각한다. 화를 내는 순간 용서가 돼버리는 것이다. 게다가 화를 낸다고 해결되는 것도 없다. 우리가 할 일은 앞으로 무엇을 개선해서 잘해야 할지 알려주는 '교육'이지 질책이나 용서가 아니다. 내가 아는 사실을 어떻게 하면 좀 더 정확하고 재미있고 쉽게 전달할 수 있을지 고민해야 한다. 애초에 알아들을 사람이면 알아들을 것이고, 알아듣지 못할 사람이면 무슨 말을 한들 그대로 흘려보낼 것이다. 사장이 '화의 스트레스'에 빠지지 않는 것, 감정적으로 행동하지 않는 것, 정확한 기준을 갖고 일관성 있게 판단하는 것, 사소한 것 같지만 그 어떤 대우보다 직원을 오래 다니게 만드는 비결이자 진정한 동기부여다.

매뉴얼이 없으면
규칙도 문화도 없다

과거에 비해 식당에서 하는 일이 점점 체계화되면서 '매뉴얼'에 대한 관심도 높아지고 있다. 식당 한쪽에 손님이 오면 어떻게 안내하고 배웅해야 하는지를 종이에 적어 붙여둔 곳도 있다. 잘되는 식당의 매뉴얼은 어떤 점이 다를까? 매뉴얼을 바꾸면 매출이 늘어날까? 매뉴얼 없이 식당을 운영해도 될까?

우선, 매뉴얼은 반드시 필요하다. 특히 요즘처럼 사람을 구하기 힘들 때일수록 매뉴얼에 소홀하면 안 된다. 무엇보다 브랜드를 만들고 싶다면 매뉴얼은 필수다. 좋은 브랜드, 기억에 남는 브랜드가 되려면 남들과 달라야 하는데, 사장과 직원들 각자가 생각하는 '다름'이 일치하지 않는다면 브랜드 정체성을 만들 수 없다.

매뉴얼이 무엇인지 묻는다면 '규칙'이다. 아무리 작은 식당이어도, 혼자 하는 가게에도 나름의 룰이 있다. 동시에 매뉴얼은 규칙 이상의 것이기도 하다. 매뉴얼을 지켜야 할 규칙으로만 여긴다면, 매뉴얼의 효용을 제대로 누릴 수 없다.

매뉴얼이 누구를 위해 존재하는지 생각해보자. 고객을 위해서? 직원을 위해서? 사장을 위해서? 모두를 위해서다. 매뉴얼의 가장 핵심적인 기능은 혼돈을 줄이는 것이다. 일의 기준이 명확하면 갈등이나 오류 없이 일할 수 있는 기반이 마련된다. 또한 매뉴얼은 판단을 돕는다. 처음 온 직원이라도 어떤 행동을 해야 하고 하면 안 되는지 일일이 묻지 않아도 기초적인 업무를 할 수 있다. 기준 없이 순간의 감정이나 그날의 기분에 따라 행동할 여지가 줄어들기에 접객 태도나 서비스 또한 안정된다.

다만 매뉴얼을 엄격한 규칙으로 규정하기보다, 어떻게 하면 직원들이 좀 더 편안하게 일할 수 있을지 알려준다는 마음으로 만들어가는 것이 좋다. 말하자면 직원들끼리 공유하고 있는 가치와 규칙을 체계화한 '마음의 기준' 같은 것이다. 그 안에는 평소 우리가 쓰는 용어, 인사법 등이 모두 담긴다. 이런 내용들이 쌓여서 나중에 조직의 코어(Core)가 된다.

» 매뉴얼을 우리만의 문화로 확장하는 법

'매뉴얼은 마음의 원칙이며, 우리 브랜드만의 다름을 공유하는 것'이라 하면 거창하게 받아들이는 분들이 있다. 대체 무엇을 공유하냐는 것이다.

대단한 메시지나 규칙이 아닌 '우리끼리의 말맞춤'이라 관점을 바꾸어보면 어떨까. 1월의 첫 번째 수요일에는 짜장면을 먹자, 달력의 빨간 날에는 맛있는 걸 시켜 먹자고 약속하는 것, 함께 일하는 우리의 기분을 좋게 하기 위한 모든 행위가 모여서 매뉴얼이 된다. 우리만의 약속인 셈이다. 처음부터 모든 것을 세세히 정할 필요도 없다. 대신 말로만 하고 끝내는 것이 아니라 반드시 문서로 남겨두어야 한다. 규모가 큰 회사나 가능하지 작은 조직은 현실적으로 쉽지 않다는 말도 하는데, 작은 곳일수록 우리만의 약속을 만들고 지키기는 훨씬 수월하다. 생각이 달라도 몇 명만 설득하면 되니까.

홀에서 쓰는 매뉴얼이 아닌 주방의 조리 매뉴얼을 직원에게 공개해도 되느냐는 질문을 받기도 한다. 레시피를 배운 직원이 가게를 차려 독립해버리면 어쩌냐는 것이다. 사장이 앞으로도 음식을 직접 할 게 아니라 언젠가 경영의 단계로 갈 거라면 다 알려줘도 무방하다. 아니, 그래야 한다고 생각한다. 레시피를 알려줬다고 해서 직원들이 따로 가게를 차리는 경우는 생각보다 적거니와, 차린다고 해도 똑같이 따라 할 수도 없다. 음식은 함께 먹는 사람과 공간의 분위기, 누가 어디서 만들었느냐에 따라 맛이 다르다. 나 역시 레시피를 알려달라는 요청을 받기도 하고, 실제로도 많이 알려준다. 우리 식당이 세상에 하나뿐인 요리, 하나밖에 없는 맛을 내는 곳도 아니고, 오히려 너무 야박하게 대하지 않을 때 더 긍정적인 효과를 얻을 거라 보기 때문이다.

매뉴얼을 고치고 싶어 하는 직원의 제안을 어디까지

수용해야 하느냐는 질문을 받은 적도 있다. 실제 이런 일이 얼마나 있을까? 아쉽게도 나는 거의 경험해본 적이 없다. 만일 그런 직원이 있다면 굉장히 주도적인 사람이라 생각하고 얼마든지 기회를 주고 싶다. 무엇이든 해보라고 할 것이다. 주도적이고 책임감 있는 직원을 어디서 찾아야 하느냐는 질문을 가장 많이 받는데, 이 질문을 바꾸어 볼 필요가 있다. '우리 조직에 그렇게 보석 같은 사람이 숨어 있는데, 내게 그를 알아볼 만한 능력이 없는 건 아닌가? 혹은 그런 노력을 했는가?'라고 말이다. 다른 회사에는 믿을 만한 직원이 많아 보이는데 왜 우리 직원들 중에는 없는지 고민이라면, 내가 그런 사람을 알아보지 못하고 내보냈거나 그들의 좋은 제안을 받아들이지 못해 놓쳤을 확률이 높다.

매뉴얼은 언제 효력을 발휘할까? 매뉴얼을 지킨다고 매출이 오르는 것은 아닐 것이다. 영향을 미칠 수야 있겠지만 매뉴얼 준수가 매출 상승의 직접적인 요인이 된다고 답하기에는 무리가 있다. 매뉴얼이 진정한 효력을 발휘하는 순간은 직원들이 공감대를 형성하며 우리만의 용어와 규칙을 만들어갈 때다. 누가 시켜서가 아니라 우리 스스로 만든 원칙이 생겨나고 퍼져갈 때 우리만의 문화가 형성되고 브랜드도 차별화된다.

내가 현장에서 일하던 시절에는 주방에서 음식을 세팅하는 직원들과 합을 맞추기 위해 대기손님을 부르는 우리만의 은어를 정한 적도 있다. 우리끼리의 소통법이다. 한편 매장에서 일하다 보면 아무래도 '지시형, 금지형'으로 말하는 경우가 많아진다. "이거 치워주세요, 그거 빨리 해주세요. 그쪽에 두시면 안 돼요. 뜨거운 건 피하세요. 사람이 지나갈 때는 비켜주세요" 등등 주의를 주는 말들이 오가기 마련인데, 밥을 먹으러 온 손님들까지 이런 메시지를 들을 필요가 있을까. 평소 우리끼리 통하는 언어를 만들어 소통하면 손님들이 불필요한 대화를 들을 일이 없다. 나아가 이것이 쌓여 우리만의 커뮤니케이션 방식이 되고, 그 자체로 차별화된 브랜드로 나아가는 데 도움이 된다.

매뉴얼이 고객을 위해서 존재한다면, 외부 고객을 위

해 무엇을 할지는 사실 인터넷만 검색해도 답이 있다. 직원들이 어떻게 서비스하고 있는지, 우리가 의도한 메시지가 제대로 전달되고 있는지는 손님들이 올린 사진만 봐도 훤히 알 수 있고 개선해갈 수 있다. 그다음은 내부 고객이다. 매뉴얼을 일을 잘하기 위한 도구가 아니라 우리와 함께 일하는 직원들에게 회사의 히스토리를 공유하고 회사의 메시지를 전달하는 수단으로 바꾸어 생각해보자. 직원들이 이 회사는 단순한 식당이 아니라 우리가 배울 수 있는 일터라 느끼는 순간 일하는 분위기가 달라진다.

이를 위해 잊지 말아야 할 것이 있다. 매뉴얼에 실린 규칙은 사장이 가장 먼저 지켜야 한다. 손님에게 밝게 인사하는 것이 매뉴얼인데 정작 사장은 인사도 하지 않고 지나친다면? 직원들과 관계를 맺고 유지하는 불변의 황금률이 있다면 이것이다. '직원은 스스로 실천하는 리더를 믿고 따른다.' 사장이 하지 않는데 그들이 할 이유가 없다.

감이 아닌 숫자로 하는
직원 관리, 보상

'직원이 원하는 것과 회사가 원하는 것은 다르다', '다른 사람에게 자신의 동기를 주입하기보다 그 사람의 동기를 찾아줘라', '동기부여는 추상적인 언어다'… 동기부여에 대해서는 하루 종일 이야기해도 부족할 것이다. 사람의 마음은 뜻대로 되지도 않고, 동기를 부여하는 방식에 대해서도 의견이 분분하다. 그러나 한 가지만은 확실하다. 돈! 제대로 된 금전적 보상은 강력한 동기부여 수단이자, 조직의 미래를 위한 투자다.

문제는 돈으로 보상하기도 어렵지만 보상하는 방식도 쉽지 않다는 것이다. 나 역시 함께 일하는 직원들에게 어떤 식으로든 금전적인 보상을 하고 싶었다. 처음에는 지분을 주는 방식을 택했다. 매출이 오르고 성장할 때에는 아무런 문제가 없다. 하지만 영원히 인기 있는 아이템은 없고, 식당이 늘 잘될 수도 없다. 매출이 떨어지고 식당이 어려워지면서 부작용이 나타났다. 그 과정에서 직원의 30% 정도가 그만둔 적도 있다. 그 바람에 자의 반 타의 반으로 식당을 몇 개 접었다. 매장을 여러 개 운영했으니 망정이지, 몇 개를 접는다는 건 생사와 직결되는 문제다.

이처럼 현실적이고도 이상적인 보상을 짜는 것은 경영자에게 매우 중요한 과제다. 브랜드의 영속성과도 무관하지 않다. 나는 이 문제를 혼자서는 해결할 수 없다고 판단해서 전문가에게 의뢰해 디테일한 기준을 위임했다. 그 과정에서 배우고 경험으로 익힌 바를 몇 가지 공유해 보고자 한다.

모든 매장이 인센티브를 받는 대상이 되는 것은 아니다. 영업 6개월은 지나야 한다. 우리의 경우 6개월 단위로

영업이익의 8%를 떼어 인센티브로 지급하는데, 목표 매출 달성률(전년 대비 103%), 인건비 대비 성과, 운영 점검 리스트, QSC(품질, 서비스, 청결), 주간 매출 예측 등을 평가해 기준 점수(7.5점 이상)를 충족한 매장에 인센티브를 지급한다. 부가세나 퇴직금을 내기 위해 일정 금액을 선취하는 것처럼, 인센티브 지급을 위해서도 매달 일정 금액을 따로 비축해둔다. 그렇지 않으면 나중에 비용 처리를 다 하고 지급하려고 보니 실제로 줄 돈이 없거나, 지급하면서 괜히 아까운 마음이 들 수 있다.

매장 운영과 직원 관리에서 점장의 힘은 절대적이다. 직원을 많이 둔 점장일수록 보상에서 더 배려하려 한다. 매장에서 점장이 하는 역할은 사장과 같다고 보면 된다. 실제 점장들은 반드시 인센티브를 받기 위해서만이 아니라, 일하는 사람으로서 자부심을 걸고 좋은 점수를 받기 위해 최선을 다한다.

매장을 직접 방문해 운영 점검 리스트를 기준으로 평가하는 것은 슈퍼바이저의 몫이다. 단 매장마다 동일한 조건에서 평가하기 위해 한가한 시간대와 바쁜 시간대 모두를 방문해야 한다. 같은 곳을 점검하더라도 주말 저녁의 화장실과 평일 점심의 화장실 청소 상태는 다를 수밖에 없다. 평가 결과가 낮게 나오면 점장들이 속상해하기도 하고 직원들에게 미안해지므로, 형평성이라는 측면에서 각별히 신경 쓰고자 한다.

규모가 어느 정도 되어야만 이런 시스템을 운영할 수 있다고 생각할 수 있겠지만, 요즘은 메뉴 품질관리부터 시작해 다양한 품질관리 프로그램이 시중에 나와 있다. 적은 비용으로 음식 퀄리티를 체크할 수 있는 데다, 꾸준히 데이터를 관리하면 경쟁력이 되니 일석이조다.

서비스 점검도 철저히 해야 함은 물론이다. 한 가지 팁을 주자면 미스터리 쇼퍼의 역할을 잘 활용하면 좋다. 신메뉴가 출시되거나 매장 오픈 시에 블로거나 체험단을 초청하곤 하는데, 그분들에게 단순한 홍보가 아닌 진정성 있는 피드백을 요청하는 것이다. 당연히 그에 대한 비용은 지불해야 한다. 사람은 누구나 일을 잘하고자 하는 욕구가 있어서, 부탁을 받으면 여느 전문가 못지않은 리포팅을 해준다. 그러다 보면 단발성 홍보로 끝나지 않고 나중에 진성 고객으로 매장을 방문하기도 하고, 실제 이러한 과정을 거쳐 우리 브랜드의 팬이 되기도 한다. 내가 만나는 사람들을 모두 잠재적 고객으로 생각하라는 것도 이러한 맥락이다. 체험단이나 블로거는 그냥 음식을 먹으러 오는 역할이 아니라, 우리 브랜드를 알려주는 소중한 분들이라 생각해야 한다. 관점을 바꾸면 QSC는 누구보다 쉽고 철저하게 할 수 있다.

인센티브와 그 방법에 대해 간략히 이야기했지만, 가장 중요한 것은 방법보다도 사장의 의지다. 동기부여를 위해 일정 금액을 떼어 적립할 의지와 여유가 있다면, 일단 한 달에 얼마씩 돈을 떼어서 모아두고 그 돈을 어떻게 나눠줄 것인지 고민해보자. 그때부터가 진짜 경영의 시작이다. "언제 개인사업자에서 법인으로 넘어가나요?"라는 질문을 많이 받는데, 경영하려고 마음먹은 순간 시작하면 된다고 생각한다. 그럼 경영이란? 내가 돈을 벌어서 직원들에게 돈을 주는 순간 이미 시작되는 것이다.

복지는 직원과의
약속을 지키는 것

인센티브, 급여, 복지 등의 처우는 시스템이자 동기부여이자, 결국은 사람의 마음과 관련된 일이다. 직원 복지에 대한 글을 쓰면서 여러 번 망설였다. 남들도 다 하는 일인데 자랑처럼 들릴까 염려하다가, 작은 조직에서 회사라는 단계로 나아가는 사장님들에게 도움이 될 수 있겠다 싶어서 과정과 동기를 자세히 써보기로 했다.

청기와타운의 가장 기본적인 복지 중 하나는 한 달에 한 번 준오헤어에서 헤어커트 서비스를 받는 것이다. 이는 금전적인 혜택이라기보다는 경험에서 시작한 것이다. 식당에서 일을 시작한 20대 시절의 일이다. 당시 나는 일을 너무 잘하고 싶어서 손님들에게 늘 최선을 다했는데, 그중에서도 재미와 재치를 갖춘, 마음이 맞는 손님들이 있었다. 알고 보니 준오헤어에서 일하는 직원들이었고, 개인적으로 그때부터 준오헤어만 다니고 있다. 준오헤어에서 받은 훌륭한 서비스가 인상 깊었기에 우리 직원들도 비록 한 달에 한 번이라도 이런 서비스를 경험했으면 좋겠다는 마음에서 복지로 도입했다.

도서 비용을 지급한다. 아무래도 식당, 외식업이라는 일의 특성상 진득하게 앉아서 책을 읽을 여유는 상대적으로 많지 않다. 그러한 사정을 감안해 꼭 읽지 않아도 되고 사기만 해도 좋으니 집에 책을 쌓아두라고 권장한다. 최근에는 책을 챕터별로 잘라서 책상 위에 올려두고, 부담 없이 한 챕터만 읽어보라고 제안하기도 한다. 실제로 책에서 내게 맞는 챕터나 한 구절만 봐도 충분하다고 여기는 편이다. 사소한 것 같지만 이런 이야기를 하는 조직과 그렇지 않은 조직의 차이는 어마어마하게 달라질 거라 생각한다. 조직의 체질개선은 아주 작은 데서 시작된다. 책도 읽고 고객의 입장에서 서비스도 받다 보면, 거기서 전해지는 유형 무형의 메시지들이 알게 모르게 쌓여 직원들의 변화로 이어지지 않을까. 처음부터 다른 회사의 복지 시스템을 카피하기보다 우리 직원들에게 필요한 것이 무엇인지 생각하는 것, 단순히 물질적인 지원뿐 아니라 직원들이 성장할 수 있는 환경을 조성하는 것이 진정한 복지라 생각한다.

서비스직인 만큼 스트레스를 제때 해소하는 것도 놓치지 말아야 할 포인트다. 스트레스를 해소하는 방식은 사람마다 다르겠지만, 운동을 하든 명상을 하든 어떤 형태로든 지원을 해주고 싶어서 운동 영수증을 첨부해서 회사 프로그램에 올리면 자동으로 지원하게 해두었다. 명절 상여금, 생일 상여금 외에 직원들이 고객으로 우리 식당을 이용할 때에는 50% 할인을 해준다. 참 신기하게도 가족이나 친구와 함께 있는 직원의 모습과 회사에서 일하는 직원의 모습은 전혀 다르다. 고용주와 피고용주가 아닌 관계로 관찰하면 직원의 인간적인 모습이 더 눈에 들어오고, 상대방을 좀 더 이해하게 되는 재미(?)가 있다.

청기와타운은 코로나19가 본격적으로 시작될 때 생긴

브랜드이고, 힘든 시기가 없진 않았기에 가끔은 이러한 복지를 지키기 쉽지 않다는 생각도 했지만, 다행히 잘 유지하고 있다. 복지에서 절대 하지 말아야 할 실수가 있다면, 주었던 것을 다시 뺏는 것이다. 오늘 기분이 좋다고 선심성 약속을 남발하다 다시 번복하는 사장님들이 적지 않다. 직원들과의 약속은 무엇이 되었든 계속 지킬 수 있는 것만 해야 한다. 그것이 복지에서 직원들이 가장 기대하는 바다.

그리고 현재 실행하는 것들을 명문화해두는 게 중요하다. 사장이 말하지 않아도, 굳이 누구에게 묻지 않아도 모두 알 수 있어야 한다. 사장이 직접 집행하지 않고도 자연스럽게 운영될 수 있도록 복지 시스템을 구축하고, 이를 통해 직원들이 스스로 프라이드를 느끼도록 환경을 조성하는 행위까지가 복지다. 조직의 핵심은 직원들이 가진 열정을 어떻게 키우느냐에 달려 있으며, 복지는 이를 위한 가장 중요한 수단 중 하나다.

최근에 아끼는 직원이 결혼을 했다. 6년 정도 함께 일한 친구였는데, 결혼하는 직원에게는 소정의 축하금을 지급한다는 회사의 약속을 처음으로 실행할 수 있어서 정말 기뻤다. 복지는 단기적인 만족이 아닌 장기적인 신뢰를 쌓는 일이다. 직원들이 왜 떠나는지 고민하기 전에, 사장 스스로가 어떤 환경을 제공했는지 돌아보자. 사장이 약속을 지킬 때 직원들의 로열티도 조금씩 올라간다.

장사를 사업으로 만드는
운영 시스템

　2025년 현재 청기와타운은 9개의 직영 매장을 운영하고 있다. 프랜차이즈 사업을 하면서 다수의 직영점을 운영하는 이유를 많이 물어보는데, '브랜드'를 만들고 싶었기 때문이다. 브랜드가 고객과의 커뮤니케이션이라면 그 커뮤니케이션을 오래 지속하고 싶었고, 가맹점이든 직영점이든 장사를 오래 할 수 있는 쪽을 택했다. 그러다 보니 내가 개발한 점포를 점주가 아닌 다른 사람이 하면 아쉬운 마음이 들어서 자꾸 직영점을 출점하게 되었다.

　장사를 한다고 해서 누구나 사업화를 해야 하는 것은 아니다. 이는 개인의 선택이다. 직접 두 눈으로 보던 일을 남에게 믿고 맡기기는 의외로 쉽지 않다. 아니, 매우 괴롭다. 현장을 일일이 체크하며 경험을 쌓아온 사장이라면 더욱더 그럴 확률이 높다. 사업 초기에는 두 눈으로 직접 파악하다가 차츰 일주일에 한 번, 한 달에 한 번씩 '보고받는' 체제로 바꾸면서 밀려오는 불안감과 싸워야 할 때도 있다. 그럼에도 사업화, 법인화를 권하는 이유는 법인만이 확보할 수 있는 데이터를 쌓아서 회사의 체력을 조금이라도 빨리 양호하게 만드는 쪽이 유리하기 때문이다. 개인적인 판단을 묻는다면, 가게 하나로 끝날 게 아니라 5개 이상 운영할 거라면 장사가 아닌 사업으로 넘어가는 쪽이 유리하다고 본다.

매장 하나를 운영하나 여러 개를 운영하나 크게 다른 점은 없다. 매장이 늘어남에 비례해 자본과 인력을 투입해야 하지만, 10개의 매장을 일시에 오픈하지 않는 다음에야 하는 일은 매한가지다. 오히려 여러 곳의 매장을 운영하는 것이 협상력과 규모의 경제 면에서는 더 유리할 수 있다. 다만 그럴수록 기존 매장들이 흔들리지 않도록 매장의 코어를 단단하게 유지해야 한다. 매장이 늘어나는 만큼 얇아지는 것이 코어다.

코어가 흔들리는지 어떻게 알 수 있을까? 어쩌면 일종의 감이라 봐도 무방하다. 믿고 따르는 선배가 "문제는 두 눈으로 봐야 안다"는 말을 해준 적이 있다. 문제를 파악하려면 두 눈으로 직접 확인해야 머리만이 아닌 감각으로도 느낄 수 있다. 매장에 갔을 때 직원들이 가게 앞에 삼삼오오 모여 담배를 피우거나, 식당에서 안전화가 아닌 슬리퍼를 신고 일하는 모습이 보인다면 코어가 약해졌다는 신호로 봐도 무방할 것이다. 매장이 이제 막 이사온 집처럼 어수선하거나 정돈되지 않은 느낌을 준다면 코어를 점검할 때가 온 것이다.

모든 것은 사장의 '태도'에 달려 있다. 사장이 걸핏하면 원칙을 바꾸거나 기분에 따라 정책을 바꾸면 매장도 똑같이 우왕좌왕한다. 외식업 사장은 업의 특성상 손님을 직접 대면할 기회가 잦기에, 현장에서 고객의 니즈를 바로 파악하기 쉽다. 그러는 바람에 행동도 생각도 자꾸만 달라진다. 손님들의 행동을 관찰하면서 직원들에게 "이거 하지 마, 이건 이렇게 해야지"라며 자꾸만 지적하는 이유가 거기에 있다. 그 마음이 이해되지 않는 바는 아니나, 그럴 때마다 직원들이 흔들리기 쉽다. 나 역시 그러한 시행착오를 거쳤고, 지금은 될 수 있는 한 업무에 감정 개입하거나 즉흥적으로 행동하지 않으려 애쓴다. 전략적이자 심리적으로 거리를 두는 것이다. 매장을 운영하다 보면 내 마음대로 되지도 않고, 그렇게 해서도 안 된다고 느끼는 순간이 온다. 어쩌면 이때야말로 진짜 경영으로 넘어가는 시점인지도 모른다.

지금까지 운영에 대한 다양한 이야기를 했지만 모든 사장의 목표는 하나다. 내가 일일이 챙기지 않아도, 직원들이 바뀌어도 매장이 차질 없이 돌아가는 것, 즉 운영의 시스템화다. 운영을 잘하는 것과 운영을 시스템으로 만드는 것은 다른 차원이다. 그동안 개인이 차곡차곡 쌓아온 운영의 노하우를 회사의 시스템으로 구현하는 순간이 바로 장사에서 사업으로 넘어가는 단계라 볼 수 있다.

» 무엇을 '측정'의 기준으로 삼을 것인가

모든 어려움은 시간이 흐르면 옅어진다. 지금에 와서는 수월하게 헤쳐온 것처럼 말하지만, 나 역시 운영을 시스템화하는 과정에서 뭔가 막혀 있는 듯한 답답함을 느끼며 쉽사리 돌파구를 찾지 못했다. 운영을 시스템화하면서 가장 어려웠던 점은 무엇을 측정해야 할지 모르겠다는 것이었다. 게다가 나는 현장 위주로 경험을 쌓았기에 회사에서 이루어지는 체계적인 업무에 익숙하지 않았다. 7~10명의 작은 팀 사이즈로 운영하는 식당에서 일하다 사업화를 하려니 어디서부터 어떻게 해야 할지 막막했다. 다른 외식기업에 들어가 경험을 쌓아야 하나 고민한 적도 있다.

결론부터 말하자면 시스템은 결국 '측정'의 문제다. 우리의 사업에서 측정할 수 있는 업무는 무엇이며, 그것을 어떻게 측정할 것인가를 정하면 된다. KPI(Key Performance Indicator, 기업의 목표달성 여부를 측정하고 평가할 수 있는 핵심성과지표)를 정하고 판단해야 하는데, '장사'라는 세계는 온통 측정할 수 없는 것들로 가득해 보였다. 여러 업종이 섞인 매장이라면 더 어려워 보인다. 예를 들어 횟집과 고깃집은 같은 장사지만 전혀 다른 시스템으로 돌아간다. 원가율이 다르고, 일하는 방식이 다르고, 써야 할 인원수도 다르다. 하지만 측정할 거리가 없는 것은 아니다. 가령 무슨 음식을 팔든 얼마나 깨끗이 청소했는지를 측정의 기준으로 삼을 수 있다. 매장에 재고상품을 얼마나 둘 것인지도 측정 기준이 될 수 있다.

측정 기준은 매장을 관리하는 업무로도 이어진다. 가령 인건비는 관리할 수 있는 항목인가? 오늘 매출이 얼마나 일어날지 정확히 예측하고 그에 맞게 인건비를 관리하는 것이 가능한가? 인건비에서 관리자가 관리할 수 있는 항목은 아르바이트생과 직원의 비율이다. 코스트는 어떤가? 비가 많이 내리면 채소값은 많게는 3배가 오른다. 기후문제는 우리가 관리할 수도 없고, 물가가 계속 오른다고 비용을 마냥 올릴 수도 없다. 이와 관련해 관리자가 할 수 있는 일은 단 두 가지다. 이 가격이 적정한지 아닌지 점검하고, 이 정도의 매출을 계속 유지할 수 있는지 판단하는 것이다.

이처럼 업무를 쪼개보면 측정할 수 있는 단위가 보인다. 거기에서 시작하면 된다. 사업화의 기로에 서 있는 사람들은 정작 사업화할 수 있는 부분은 지나쳐버리고 사업화하지 못하는 것에만 초점을 맞추곤 한다. 나 또한 예외는 아니었다. 무엇을 측정 기준으로 삼을지 정하고 나서야 비로소 회사가 되기 위해 무엇을 해야 할지 꼽아볼 수 있었다. 측정 기준부터 정해야 계획을 짤 수 있고, 계획을 짜야 예산이 나오고 실행을 할 수 있고, 이를 근거로 예측도 할 수 있다. 회사에서 경리 직원을 뽑는 주된 이유는 정산을 하기 위해서다. 매장마다 정산을 해서 회사에 얼마가 남는지 알아야 예산을 세우고 계획을 세울 수 있다. 경리 직원의 일은 '측정'인데 사무실에서 이루어지는 소소한 업무나 금전거래만 시킨다면 사람을 뽑아놓고도 제대로 활용하지 못하는 것이다.

» 어떻게 비전으로 보여줄 것인가

사업화하는 과정에서 빼놓을 수 없는 것이 직원 관리다. 100명이 넘는 직원을 관리하는 비결을 물어보는 분들이 있는데, 이는 예측과도 무관하지 않다. 일하는 직원들이 그만두는 이유의 80% 이상은 내가 지금 다니는 이 식당이, 이 회사가 어떻게 흘러갈지 미래가 보이지 않기 때문이다. 바꾸어 말하면 '비전이 없다는 것'이다. 사장이 아무리 회사의 비전을 이야기해도 실행으로 이어지지 않으면 눈으로 직접 확인할 수 없고 직원들은 공감하지 못한다. 비전이 무엇인지 이해한다 해도 직원의 비전과 회사의 비전이 일치한다는 보장도 없다. 주간계획, 월간계획, 운영계획 등을 짜고 공유했다면, 계획에 그치지 않고 실제 지키는 모습을 보여주어야 한다. 미팅에서도 매번 비용이나 일정 이야기만 하기보다 다 같이 영화를 보러 가거나 서로의 관심사를 나눠볼 필요도 있다. 무엇이 되었든 우리 회사는 계획이 있고 그것을 지키는 곳이라는 믿음을 심어줄 수 있다면, 직원들이 그만둘 확률은 낮아질 것이다.

사장이 언제 그런 것까지 챙기느냐고? 반은 맞고 반은 틀린 질문이다. 일일이 챙길 수 없으니 시스템을 만든 것이지만, 그 시스템을 유지하고 관리할 사람을 채용하는 것은 사장의 일이다. 내가 할 수 없다면 잘할 수 있는 사람을 데려와 위임하고, 그만큼의 대우를 해주면 된다.

100명 넘는 직원과 함께 일하며 얻은 가장 큰 교훈이 있다면, 영원한 직원은 없다는 것이다. 직원은 언젠가 떠난다. 매장을 3~4개 운영하는 순간부터 대부분의 사장들이 외부 활동을 시작한다. 일종의 수순이다. 매장이 5개를 넘기면서부터는 직원들이 독립해서 나가기도 하고, 자연스럽게 매장과 사람들이 함께 사라지기도 한다. 그때 내가 무엇을 잘못했을까, 내가 무엇을 바꿔야 할까 고민하고 개선하지 않으면 결코 장사에서 사업으로 나아갈 수 없다. 장사와 사업의 진정한 차이는 규모나 매출액이 아니라, 사장의 관점에 달려 있다. 단, 사장의 관점에도 유통기한이 있으므로 계속 업그레이드해야 한다는 사실을 잊지 말자.

프랜차이즈 사업,
어떻게 시작하고 어떻게 살아남을까

"기존 매장의 컨셉을 손봐서 체인사업을 할까요, 캐시카우 매장에 집중하는 게 나을까요?"

어느 정도 장사의 업력이 쌓인 사장님들의 고민이자, 많이 받는 질문 중 하나다. 우선 캐시카우 매장을 만드는 것은 본인에게 해로울 게 없다. 2호점을 낸 후에 잘못되었다는 판단이 든다면 과감히 접으면 된다. 모두 경험이다. 사업의 전망은 어느 정도 정답이 있는 영역이다. 고객의 니즈에 따라 산업 자체가 사라질 수도 있기 때문이다. 그러나 사업의 방향에는 정답이 없다. 그냥 내가 가고 싶은 대로, 하고 싶은 대로 해서 성공시키면 된다.

그러나 체인사업으로 넘어가면 사정이 달라진다. 체인 사업은 2호점을 하다가 접는 것만큼 간단하지 않으며, 나로 인한 피해자가 생길 수도 있기에 정말 신중하게 접근해야 한다. 만약 체인사업을 꼭 하고 싶다면 아래의 질문에 답해보자.

'나는 체인사업으로 이루고 싶은 꿈이 있는가?'
'나는 체인사업을 진행할 로드맵이 있는가?'
'나는 체인사업을 할 정도의 추진력이 있는가?'
'나의 매장은 체인사업을 할 정도로 매력이 있는가?'
'나의 아이템은 물류비용에 유통마진을 붙이고도 점주에게 이익이 생길 만큼의 부가가치가 있는가?'

프랜차이즈 사업의 가장 큰 장점은 확장성이다. 하나의 매장을 만드는 데 적어도 수억 원의 자금이 들어가는데, 나의 자본을 100% 들이지 않고도 돈을 벌 수 있다는 것은 확실히 매력적인 사업구조다. 하지만 눈에 보이지 않는 어려움도 당연히 있다. 나는 가맹점주들이 투자

하고 매장이 늘어나고 브랜드가 성장하는 모습을 보면서 보람을 느끼기도 했지만, 개개인의 성공과 만족이 브랜드의 성과로 직결되다 보니 한 사람 한 사람의 문제를 내 눈앞의 일로 받아들였고 그만큼 스트레스도 컸다. 직영점은 실패하더라도 내가 손실을 떠안으면 되지만 프랜차이즈는 다른 사람의 인생이 걸린 일이기에 내려놓을 수 없었고, 내 역량이 부족한 것은 아닌지 좌절한 적도 있다. 여기서는 프랜차이즈를 잘할 수 있는 해답이라기보다 프랜차이즈를 운영하면서 느낀 점과 주의할 점 등을 이야기하려 한다.

프랜차이즈 사업을 하기 전까지는 식당에서 직접 일을 배우고 창업한 경험이 굉장히 큰 도움이 되었는데, 프랜차이즈 사업을 하려고 보니 이 경력이 방해물처럼 느껴졌다. 초반에 가장 힘들었던 것은 '운영의 그림'을 본 적이 없었다는 것이다. 오죽하면 프랜차이즈 회사에 다시 입사할까 잠깐 생각한 적도 있다. 개인적인 견해이지만 매장 1~2개 운영하다 번성 점포를 만들고 프랜차이즈로 성공할 확률보다, 처음부터 프랜차이즈 회사에서 일한 사람들이 자신의 프랜차이즈를 성공시킬 확률이 더 높다고 생각한다. 혹시 프랜차이즈를 염두에 두고 창업을 계획하고 있다면, 프랜차이즈 기업에서 일해보라고 권하고 싶다.

앞에서 잠깐 언급한 것처럼, 식당에서 일어나는 일과 오피스에서 이루어지는 업무는 성격이 전혀 다르다. 매일매일 눈앞에서 사건이 벌어지는 현장에서 일하던 사람이 계획적인 관리를 해야 하는 오피스로 들어가는 순간 맞닥뜨리는 혼란은 대단하다. 처음에는 오피스를 현장처럼 운영하는 오류를 범한다. 일을 맡기고 기다려주기보다 중간중간 불필요한 체크를 하게 된다. 나 역시 그랬다. 우선 사장이 모든 것을 확인하고 싶어 하는 습관을 내려놓고, 어느 정도 회사의 방향성을 잡고 큰 그림을 그려보자. 그다음에 내가 할 수 있는 일과 그렇지 않은 일을 빠르게 파악하고, 그 일을 할 수 있는 사람을 찾아야 한다. 지금 청기와타운은 매장 운영과 문제를 책임지는 직영점 관리팀, 새로운 브랜드와 사업모델을 개발하는 신사업팀,

소비자와의 접점을 만들고 상품을 개선하는 마케팅 및 R&D팀으로 나누어 회사를 꾸려가고 있다.

» 프랜차이즈 사업의 성공을 위한 5가지 현실 조언

청기와타운은 역사가 긴 브랜드는 아니지만 오래가는 브랜드가 되고 싶은 마음이 간절했기에, 가맹점을 유치하고 신규 매장을 출점할 때마다 고민을 거듭했다. 이렇게 몇 줄의 문장으로 표현하기는 결코 쉽지 않은 시간이었다. 때로는 좌절하고 때로는 내가 이 길을 잘 가고 있는지 의문이 들기도 했지만, 그러한 노력과 시행착오를 통해 얻은 나만의 몇 가지 원칙이 있다.

첫째, 어떤 상품을 팔 것인가? 프랜차이즈에 맞는 상품 기획으로 시작해야 한다. 처음에는 '좋은 재료로 좋은 음식을 만들면 성공한다'고 단순하게 생각했지만, 프랜차이즈와 개별 가게는 상품 기획의 방향이 다르다. 모든 매장에서 동일한 품질을 유지하려면 표준화된 소스나 반조리 제품처럼 복제가 쉬운 상품을 개발해야 한다. 반대로 만일 프랜차이즈 사업에 적합한 상품으로 장사를 시작하면 번성 점포가 되기 어렵다. 어떤 요리를 만들 때 나만의 특제 소스, 하나밖에 없는 재료를 쓰면 손님들에게 맛집으로 입소문이 날 가능성이 크지만, 상품력을 복제하기는 어려워진다. 그때부터 프랜차이즈 운영의 이슈가 발생한다.

장사를 할 때는 들어오는 손님만 바라보면 된다. 손님이 들어오면 서빙을 하고 음식을 들고 간다. '손님'이라는 타깃에게 무엇을 팔지 고민하면 된다. 반면 프랜차이즈를 구축할 때에는 점주들에게 무엇을 팔지도 고민해야 한다. 전용 상품을 팔 것인가, 범용 상품을 팔 것인가, 디자인을 팔 것인가, 이름을 팔 것인가? 공략해야 할 타깃이 추가되는 것이다.

둘째, 자신의 성향에 맞는 사업을 택해야 한다. 프랜차이즈 사업을 시작할 때 '나는 이 사업의 진짜 고객인가?'를 자문해보자. 가령 요즘 무한 리필 삼겹살이 뜨고 있는데, 내가 그런 음식을 즐겨 먹는 사람인가? 프랜차이즈 브랜드는 긴 호흡을 유지해야 하는 사업이다. 내가 공감할 수 있는 아이템이어야 애정을 쏟고 지속할 수 있으며 점주들에게도 현실적인 조언을 할 수 있다.

셋째, 교육은 필수다. 우리 회사는 '교육받지 않은 사람에게는 가맹점을 주지 않는다'는 원칙을 철저히 지킨다. 가맹점주가 브랜드의 철학과 운영방식을 이해하지 못하면 어떻게든 문제가 생길 수밖에 없다. 교육이야말로 분쟁을 막고 성공을 보장하는 거의 유일한 길이다. 이 부분을 타협하는 순간 프랜차이즈의 미래는 없다고 봐도 좋다.

넷째, 품질관리는 무엇보다 적정 규모를 유지하는 것이 핵심이다. 물론 업종에 따라 다르겠지만 지나치게 빠른 속도로 출점하는 브랜드는 아무래도 품질을 유지하기가 어렵다. 사실 물류만으로는 본사의 수익을 만들기 어렵고, 매장이 많아야 본사의 수익이 높아지는 것도 사실이다. 그래서인지 어떤 본사들은 브랜딩이나 운영, 가맹점의 매출 상승보다 오픈에만 집착한다. 들어가지 말아야 할 상권에 들어가고, 관리가 잘되는 시점이 아닌데 무리하게 오픈하는 식이다. 밖에서 볼 때는 잘돼서 빨리 확장하는 것 같지만, 그런 프랜차이즈일수록 오히려 더 빨리 없어지는 경우가 많다. 매장을 무작정 늘리는 브랜드가 다 살아남는다고 생각하면 오산이다.

다섯째, 마케팅 또한 브랜드의 성숙도에 따라 B2B와 B2C 마케팅을 단계별로 적용해야 한다. 사업 초기에는 인플루언서를 활용해 우리의 핵심 타깃에게 브랜드를 알렸다면, 이후에는 방송매체 노출과 같은 대중적인 홍보로 확장해야 한다. 그 타이밍을 잡으려면 평소 브랜드 검색량을 꾸준히 체크해볼 필요가 있다. 키워드 검색에서 우리 브랜드가 어느 정도 언급되는지 평소 데이터를 쌓고, 이를 바탕으로 소비자와의 접점을 꾸준히 만들어가야만 롱런할 수 있다.

프랜차이즈 사업은 분명 매력적이지만 쉬운 길은 아니다. 하지만 철학과 정체성을 잃지 않고 차근차근 나아가면 어느 순간 '좋은 프랜차이즈'에 한발 더 가까워져 있을 것이다. 내가 생각하는 좋은 프랜차이즈란 가맹점을 100개, 200개, 300개로 늘려가는 브랜드가 아니라, '상처받는 사람을 최소화하는 구조'를 가진 곳이다. 비즈니스적인 대답은 아닐지 몰라도 정말 이렇게 생각한다. 적은 자본으로 많이 버는 법, 더 빨리 성장하는 법, 잘 만들어서 매각하는 법에 대한 질문을 받기도 하는데, 프랜차이즈 사업이야말로 고민한 양만큼 정직하게 성장한다. 그래서 어렵지만, 그만큼 도전할 가치가 충분하다.

직원도 사장도 회사도 성장하는
구조 만들기

수평적인 방식과 수직적인 방식

일을 할 때는 수평적인 방식과 수직적인 방식이 있다. 어느 방식이 좋다 나쁘다고 할 수 없고, 하나의 방식만 고집해야 하는 것도 아니다. 언제든 태세를 전환하는 유연성이 필요하다. 때와 상황에 따라 그에 맞는 방식을 쓰면 된다.

더 나은 아이디어를 도출하거나 조직문화 개선에 필요한 의견을 취합할 때는 "아이디어 좀 내봐, 좋은 의견 없어?"라는 식의 수직적 태도로는 좋은 의견이 나오기 어렵고, 최고 직급자의 입맛에 맞는 의견만 나온다. 좀 더 자유롭고 편한 분위기에서 장난치듯이 일할 때 좋은 아이디어가 나올 확률이 높다. 그러나 아이데이션이 끝난 후 실행 단계로 들어갔을 때는 이야기가 다르다. 강력한 리더십과 카리스마로 빠르고 정확하게 움직여야 한다. 만약 그때도 수평적인 방식을 고수한다면 배는 방향을 잃고 나아가지 못할 것이다.

핵심가치는 만드는 것이 아니라 찾는 것

사업의 핵심가치가 무엇인지 물어보면 '그게 뭐냐, 꼭 있어야
하는 거냐, 어떻게 만드는 거냐'라고 질문하는 분이 많다. 정답은
없다. 다만 핵심가치를 어떻게 만드는지 묻는 분들에게는 이렇게
말씀드린다. 핵심가치는 만들어내는 것이 아니라, 지금까지 내
마음속에 내재한 것들 가운데 가장 가치 있다고 여긴 것을 찾아내는
것이다. 핵심가치를 찾는 것은 생각보다 어렵지 않다. 내가 좀 짜증이
나더라도 포기하지 않는 것, 혹은 내가 돈을 조금 잃더라도 지키고
싶은 것이라 생각하면 된다.

다른 건 잃어도 좋지만 이것만은 꼭 지키고 싶은 것이 있는가?
예를 들어 평소에 '다른 건 괜찮은데 인사 안 하는 건 못 참아'라고
생각한다면, 그걸 핵심가치 삼아 인사 잘하는 사람을 인재상으로
제시하고 KPI를 인사하는 것으로 잡으면 될 일이다.
장사해보니 오래 하는 게 최고더라 싶으면, 지속가능성을 위해서는
재방문이 필요하니 이익은 좀 적더라도 품질과 서비스에 더 신경
쓰기로 결정할 수 있다.
가게 운영은 어느 방향으로든 흘러갈 수 있기에 평소에 정책의
방향을 분명히 정해두어야 한다. 이때 선택 기준이 없으면 의미 있는
고민이 아닌 걱정만 하게 된다. 핵심가치를 찾아내서 어딘가에는
적어놔야 헤매더라도 금방 돌아온다. 기준이 눈앞에 있기 때문이다.
핵심가치는 의미 없는 걱정이 아니라 의미 있는 고민을 하게 해준다.

장사에서 사업으로

장사하는 사람들은 사업화로 넘어가지 못하는 자신이 답답하고, 왜
이렇게밖에 못 하나, 사업화하려면 어떻게 해야 하나 고민을 많이
하지만 나 또한 지나고 보니 나를 괴롭혔던 것은 나 스스로 만든
의미 없는 허울 몇 가지뿐, 질문 몇 가지만 바꾸니 바로 사업화가
가능했다.
사업화가 될까 안 될까 고민할 시간에 그 힘으로 사업화를 어떻게
가능하게 할지 고민하는 것이 더 편하다.
끝이 없는 고민과 끝이 있는 고민의 차이랄까.
더구나 어떤 이들은 이미 사업화 단계에 들어섰음에도 불구하고
본인의 장점은 별게 아니고, 다른 사람이 가진 아주 조금 나은 점은
과하게 크게 보는 경향이 있다.
내 것이나 남의 것이나 가지고 있는 것들은 다 평범하다.
평범한 것으로 남들과 다르게, 비범하게 할 때 남들은 내가 가진
그것을 비범하다 여긴다.

직원을 사랑할 수 없다면

직원은 믿음의 대상이 아니다. 내 자식처럼 절대적으로 사랑해야
하는 대상이다. 직원을 믿음의 대상이라 여기면 손바닥 위에
올려놓고 칼로 이리저리 잘라서 속을 들여다봐야 한다. 검사받는
사람은 그 사람대로 상처가 생기고, 검사하는 사람도 마음의 상처가
생기기는 마찬가지다.
만약 절대적으로 사랑할 수 없는 직원이 있다면 빨리 헤어지길

바란다.

야속하다 할지 몰라도 그것이 사랑하는 사람을 더 사랑하는 방법이고
사랑받지 못하는 이에게도 다른 사람에게 사랑받을 수 있는 기회를
주는 것이다.

나는 사랑과 믿음을 충분히 주었는데 직원이 배신할 수도 있다.
사랑과 믿음만 주고 보상은 하나도 없었던 것은 아닌지
사랑과 믿음을 시스템으로 착각하지는 않았는지 한번 짚어볼 일이다.
만약 직원을 절대적으로 사랑할 수 없고 믿을 수도 없고 보상할 수도
없고 시스템을 만들 수도 없다면
혼자 사업하거나 사장을 그만두는 것도 방법이다.

직원을 어떻게 성장시킬 것인가

직원을 성장시키는 특별한 방법은 없다. 경험상 조직에서 사건이
많이 일어날수록, 일을 많이 할수록 직원들도 자연스레 성장한다.
그들이 독립해 창업할 때 그 모든 경험이 엄청나게 도움이 된다.
동기부여가 성장의 방법이 될 수 있다면, 돈을 많이 주는 것도
동기부여다. 대신 공정하고 공평하게.

직원과 헤어지는 일

결국 모든 직원은 다 떠난다. 중요한 것은 어떻게 헤어지느냐다.
아름다운 이별을 하자. 회사가 성장하면 원년 멤버들이 떠나는 일이
많다. 영원한 직원이란 없다는 사실을 잊지 말고, 잘 성장시켜서 멋진
모습으로 떠나보내는 것만이 사장의 일이다.

퇴사한 직원을 다시 받아줘야 할까

연애하다 헤어졌는데 딱히 만날 사람이 없어서 다시 만나다가 비슷한
이유로 또 헤어진 경험이 있을 것이다. 그 사람을 쓸지 안 쓸지는
사장의 선택이지만, 기대감을 지나치게 높이지는 말기 바란다.
일을 주더라도 중요한 자리를 맡기는 것은 신중해야 한다. 나는
다시 일하겠다고 찾아온 퇴사자에게 당연히 기회는 주지만 똑같은
일이 벌어질까 봐 솔직히 두렵다고 말한다. 큰일을 맡기기 어려운데
그래도 다닐 수 있겠는지 터놓고 이야기하는 편이다.

작은 일과 큰일

작게 보면 홀서빙이라 말할 수 있지만 크게 보면 고객접점
관리자이고, 작게 보면 주방보조라 할 수 있지만 크게 보면
품질최종점검자라 할 수 있다.

남이 나를 작게 보거나 말거나, 작은 일 한다고 우습게 보거나 말거나
내가 나의 일을 크게 보고 비범하게 하면 머지않아 큰일을 하는 자기
자신을 발견할 것이다.

나는 이런 거 할 사람이 아니라며 큰일 찾아 여기저기 돌아다니는
사람은 시간 지나고 정신 차려보면 여전히 작은 일을 하고 있을
뿐이다.

마감 후 전기와 에어컨을 잘 끄는 일, 내게 돈 더 주는 것도 아닌데
뭐 그리 중요한가 할 수도 있겠으나, 그 작은 일들이 큰일로 가게
하는 첫걸음이다.

식당에서 벌어지는 사소한 일을 사소하게 생각하거나 깜빡한다고
큰일은 일어나지 않지만, 우리가 바라는 큰일도 일어나지 않는다.
큰일을 해야 큰일이 벌어지는 줄 아는데, 전혀 아니라고 말해주고
싶다.

직원은 관리항목이 아니다

인건비는 관리항목이지만 직원은 관리항목이 아니다.
나도 스스로 관리가 안 되는데 누구를 관리할 수 있겠나.
그냥 좋은 직원 뽑아서 알아서 하라고 내버려두면 된다.
여기서 좋은 직원이란 그 일과 잘 맞는 사람이냐 아니냐, 조직생활에
큰 해를 끼치느냐 아니냐, 상식적이냐 아니냐 정도를 보면 된다.
내가 말하는 상식은 밥 먹었냐고 물어보면 "네, 먹었어요~
식사하셨어요?" 혹은 무얼 먹을 거라 대답하는 것이다.
간혹 물어봐도 대답을 안 하거나 "왜 물어보세요?"라고 대답한다면
비상식적인 것이다.

직업인과 직장인

장사 잘되는 날을 우리의 멋진 모습을 많은 이에게 보여줄 수 있는 기회의 날이라 여기는 사람은 직업을 가진 사람이고, 장사 잘되는 날을 고생하는 날로 여기는 사람은 직장을 가진 사람이다.

손님이 없어 한가한 날을 평소에 미처 챙기지 못했던 직원교육이나 공간을 관리하는 기회의 날로 생각하는 사람은 직업을 가진 사람이고, 손님이 없는 날을 '오늘은 명절 후니까', '개학 전이니까', '경기가 안 좋으니까' 하며 시간이 흐르기만을 바라는 사람은 직장을 가진 사람이다.

직장을 다니든 직업을 갖든 같은 시간 같은 노동력이 들어가는 점에서는 비슷하지만, 어떤 상황에서 직장은 나를 지켜주지 못하는 반면 직업은 나를 지킬 강력한 힘이 되므로 이 둘은 큰 차이가 있다. 하나 덧붙이자면 직장의 시계는 느리고 직업의 시계는 빠르니, 직장이 지겨울수록 직업에 대해 생각해볼 것을 권한다.

점장의 일

"교육비까지 냈는데 이런 허드렛일까지 배워야 하나요?"라는 어느 가맹점 점장 교육생의 컴플레인을 보고받고, 점장 생활을 오래 한 경험자로서 점장이란 어떤 사람인지 생각해보았다.

점장이란 가장 먼저 나와서 가장 마지막에 들어가는 사람.
쓰레기 보이면 쓰레기 주우라고 시키지 않고 자동적으로 줍는 사람.
인사 안 한다고 큰소리치지 않고 큰소리로 먼저 인사하는 사람.

홀이 바쁘면 테이블 치우는 걸 돕고 주방이 바쁘면 설거지를 돕는
사람.
직원들을 웃게도 할 수 있고 울게도 할 수 있는 사람.
가장 높지만 가장 낮고, 실력이 있지만 드러내지 않는 사람.

장사에 소질 있는 사람

장사에 소질 있는 사람, 장사를 잘하는 사람은 어떤 사람일까?
장사학은 존재하지 않는다. 장사에는 변수가 너무 많고, 결국
사람만이 할 수 있다는 마음가짐이 중요하다. 내가 만나는 모든
이들을 고객으로 만드는 것도, 조직관리도, 그 조직의 코어를 만드는
것도 사람이 하는 일이다. 옆 사람, 뒷사람이 모두 나의 고객이라는
생각을 가져야만 어떤 상황에서도 발전할 수 있다.
굳이 특성을 말하자면, 손님에게 서비스 하나 더 주는 것을
조금이라도 아까워한다면 장사에 덜 맞는 사람이다. 눈이 아닌
입으로 웃는 사람도 마찬가지다. 무조건 친절하라는 게 아니라,
진짜 웃음을 지을 수 있는 사람이야말로 서비스를 잘할 수 있는
사람이라는 뜻이다.

직원의 일, 사장의 일

식당을 만들었다고 끝이 아니다. 식당은 완전체가 아니다.
만들어놓았는데 컨셉이 달라지기도 한다. 동선도, 위치도, 메뉴도
계속 조금씩 바뀌어야 하는데 내부에는 이를 수정해줄 사람이 없다.
아니, 정확히 말하자면 그것을 직원에게 바라는 것은 욕심이다.

직원을 기쁘게 하는 일

우리 가게에 들어와서 '기쁨'을 느끼는 손님은 다시 온다.
마찬가지로 내부 고객인 직원에게도 재미를 줘야 한다. 오래 남도록.
무엇보다 직원에게는 돈 내는 사람이 손님이지만
사장에게는 돈 벌어다주는 직원이 손님이다.

작은 것부터 주는 연습

처음에는 영업이익의 2.5%를 떼어 인센티브로 주기 시작했다. 내가
과연 약속을 지킬 수 있는지 확인하고 싶었다.
작은 것부터 주는 연습이 필요하다. 주었다 그만두는 것만큼 최악은
없다.

직원은 관리의 대상이 아니다

직원은 관리되지 않는다. 사장이 관리할 수 있는 것은 직원의
수뿐이다.
직원이 스스로 좋은 직원이 되길 바라야 한다.
그러려면 직원이 좋은 직원이 되었을 때 무언가 얻는 게 있거나,
조직에 명확한 롤모델이 있어야 하는데
그게 사장이면 안 된다.
돈을 주든 비전을 주든 무엇을 주든, 면접조차 해보기 어렵다고
말하는 외식업에서 너도나도 들어가고 싶어서 줄 서 있는 회사를
만들면 된다.

무엇을 잃고
무엇을 얻을 것인가

4장

일하는 사장의 생각

리더를 한마디로 정의하자면 '생각하는 사람'이다.

생각 없는 리더가 조직을 제대로 이끌 리 없다.

나아가 리더는 혼자 생각하는 데 그치지 않고

직원들을 생각하게 만드는 사람이다.

그때는 몰랐고 지금은 아는 것

외식업을 하는 후배들을 만나면 티나지 않게 표정을
살핀다. 장사가 좀 잘되는 친구들의 얼굴은 어딘지 모르
게 달라져 있다. 나를 대하는 태도도 조금은 다르다. 어깨
에 조금은 힘이 들어간, 좋게 말하면 자신감 넘치는 모습
이라 해야 하나. 그 모습이 귀여워 보이기도 하고 그냥 마
음껏 축하해주고 싶다. 가끔은 뭐든 잘할 수 있다고 자신
하던 과거의 내 모습이 떠오르기도 한다.

장사는 장단점이 명확한 일이다. 좀 더 구체적으로 말
하면 나의 노력에 따라 큰돈을 벌 수도 있지만 단기간에
큰 손해를 입을 수도 있는 게 장사다. 잘될 때는 문제 될

것이 없다. 매장 한 개에서 3~4개로 늘어나는 시기에는 직원들의 급여를 올려주거나 리더급 직원의 처우를 각별히 신경 쓰곤 한다.

직원에게 좋은 대우를 해주는 것은 중요하지만, 급격하게 연봉을 올리거나 한꺼번에 너무 많은 혜택을 주는 것은 오히려 독이 될 수 있다. 아이러니하게도 급여를 높게 올려준 직원일수록 빨리 그만둘 가능성이 높아지기 때문이다. 외식업계에서 불문율과도 같은 일이다. 좋은 직원은 적절한 시점에 합리적으로 대우를 해줘야 한다. 급여를 너무 빨리 올리면 직원의 기대치도 계속 높아지고, 언젠가 회사가 그 기대를 충족하지 못할 때 갈등이 생긴다. 결국 지속 가능한 대우가 오래가는 회사를 만든다.

매장이 하나둘 늘어날수록 사장이 매장에 머무는 시간은 점점 줄어든다. 매장을 직원에게 맡기고 교육을 받으러 다니거나, 식당을 떠나서 다른 업계 사람들을 만나러 다니는 경우도 많아진다. 물론 나쁜 일은 아니지만, 사실 현장을 챙기면서도 얼마든지 할 수 있는 일이다. 사장이 없다고 직원들이 일을 소홀히 하는 건 아니지만, 확실히 사장이 현장에 있는 시간에 비례해 직원들의 로열티가 높아지고 일의 밀도 역시 촘촘해진다. 나는 30대 중반에 현장을 떠났는데, 가끔은 조금 더 현장에 남아서 일했으면 어땠을까 싶기도 하다.

매장을 빨리 떠나고 싶다고 하는 분들은 매장에 있어야 할 명분보다 나가야 할 명분이 더 크다는 건데, 현재를 재미있게 살기보다 미래 가치만 바라보는 건 아닌지 스스로에게 물어볼 일이다.

요즘 건물을 사는 게 사업하는 사람들 사이에 마치 성공의 방정식처럼, 일종의 유행처럼 번지고 있다. 물론 상대적으로 가격이 낮은 건물도 있지만, 건물은 원래 엄청 비싼 물건이다. 남들이 다 사고 싶어 하는 건물은 더 비싸다. 아직 건물 살 때가 아닌데, 마치 자기 건물에서 장사하지 않으면 어리석은 사람 취급하는 경우도 있다고 한다. 월세를 내느니 이자를 내는 게 낫다는 것이다. 하지만 건물도 잘 사야 돈이 된다. 건물을 유지, 관리하는 데에도 생각보다 돈이 많이 들어간다. 건물을 살 만한 체력과 지출 관리가 가능한 상태에서 신중하게 매입하라고 권하고 싶다. 겉으로 보이는 게 전부는 아니다.

SNS만 잘해도, 광고만 터뜨려도 손님을 끌어모을 수는 있다. 맛이나 서비스가 다소 부족해도 장사가 되는 시대다. 하지만 마케팅으로만 이룬 성공은 오래가지 못한다. 외식업은 '점'이 아니라 '선'이다. 하루, 한 달, 몇 년 동안 점을 찍듯 돈을 벌 수는 있지만 이 점이 선으로 이어지지 않으면, 즉 재방문 손님을 만들지 못하면 장사는 실패로 끝난다. 맛과 서비스, 공간의 분위기는 고객이 다시 돌아오게 만드는 핵심이다. 이렇게 생각하면 같은 마케팅을 하더라도 어디에 돈을 써야 할지 알게 된다.

최근 불황 때문인지 초가성비 식당이 인기라고 한다. 이러한 식당들이 외식업 시장의 생태계를 파괴한다고 비판하는 목소리도 들린다. 물론 일리 있는 주장이지만, 시장에는 판매자만 있는 게 아니다. 소비자도 엄연히 시장의 구성원이다. 고객이 원하니까 생기는 것이다. 물론 이렇게 경쟁이 치열한 시장은 시간이 흐르면 남을 사람만 남으니, 그 각오는 하고 뛰어드는 게 좋다.

장사를 잘하는 사람은 많다. 그러나 오래가는 브랜드를 만들거나, 손대는 기획마다 성공시키는 사람은 극히 드물다. 외식업 사장은 기질적으로 마케팅에 대한 감이나 시장을 보는 촉이 발달한 사람들이다. 여기저기 돌아다니기 좋아하고, 사람들이 무엇을 원하는지 빠르게 간파하는 능력이 있다. 그래서 횟집도 차리고 고깃집도 차리고 괜찮은 아이템이 있으면 자꾸 사업화하는 것이다. 문제는 4~5개까지는 성공할지 몰라도 하는 것마다 잘되는 사람은 없다는 사실이다.

자신의 감과 성공방정식만 믿기보다, 나의 핵심역량이 무엇인지를 파악하고 그에 맞는 사업을 해야 한다. 한 번의 실패는 금전적으로나 심리적으로 큰 타격을 미치고, 매장을 여러 개 운영할수록 리스크는 기하급수적으로 커진다. 장사를 오래 하는 사람들, 특히 수십 년간 같은 자리를 지키는 노포들은 단순히 돈을 잘 벌어서가 아니라, 끈기와 신뢰로 그 자리를 지켜왔기에 위대한 것이다. '일하는 사장'의 진짜 의미는 단순히 일을 많이 하는 사람이 아니라 꾸준히 생각하고 배우며 자신의 가치를 축적하는 사람이다.

무엇을 '잃을' 것인가

가만히 있으면 아무 일도 안 일어날 테지만, 일을 만들어가는 과정에서는 필연적으로 일어나지 않기를 바라는 사건들이 많이 일어난다.

심사숙고해서 내린 결정인데 비참한 결과가 따르기도 하고, 믿었던 직원이 떠나는 일도 생기고, 지저분한 일로 분쟁이 벌어지기도 한다.

나를 험담하는 무리, 없는 이야기를 지어내는 사람들이 생기는 건 물론이다.

무언가 잃을 수도 있다는 마음의 각오 없이는 사업을

해내기가 쉽지 않다.

그것이 돈일 수도 있고, 시간일 수도 있고, 사람일 수도, 내 마음일 수도 있을 텐데 어떤 것을 선택하느냐에 따라 방향도 가치도 모두 바뀐다.

만약 하나만 잃는다면 어떤 것을 손에서 놓겠는가?

전부 놓고 하나만 손에 쥔다면 이 중에서 무엇을 취할 텐가? 무엇을 얻을지 생각하기 전에 무엇을 잃을 것인지부터 자신과 대화해보길 바란다.

회사를 키우고 싶다면

사장이라면 누구나 회사를 키우고 싶어 한다. 하지만 회사가 커서 좋은 점이 10이면 회사가 커서 좋지 않은 점은 100일 수도 있다. 웃는 일보다 얼굴 찌푸리는 일이 곱절로 늘어난다. 회사가 커져서 매출이 늘 수는 있으나 순이익은 비례하지 않는다는 사실을 잊지 마시길. 그러니 지금 회사가 작다고 해서 큰 회사를 마냥 부러워할 필요도 없고, 반드시 회사가 커져야 할 이유도 없다. 각자의 자리에서 웃으며 잘 지내고, 내 규모에 맞게 영리하게 사업하길 추천한다.

그럼에도 회사를 꼭 키우고 싶다면 '마음의 갑옷'을 준비하길 바란다. 갑자기 비가 쏟아지고 갑자기 더웠다가 갑자기 추워졌다가 갑자기 눈이 왔다가 갑자기 뙤약볕에 나앉을 수 있으니. 회사가 커질수록 맞닥뜨리는 변수도 많아지는 법이다.

너무 똑똑하면 도전할 수 없다

아이러니하게도 지금껏 사업을 해오면서 현명한 선택이라 자신한 일로 성과를 낸 적은 거의 없다. 잔뜩 힘줘서 대박 내겠다고 마음먹은 일로 돈 번 기억도 거의 없다. 뒷걸음질치다가 하나 얻어걸리거나, 이거 아니면 할 게 없다는 절박함으로 내린 결정을 우연히 발전시켜서 가까스로 살아남아 왔다.

누구나 똑똑하게 살고자 하지만 똑똑하기만 해서는 도전할 수 없다. 무엇이 계기가 될지는 누구도 모른다. 멀리 있는 골대를 바라보며 골 넣을 생각만 하기 전에, 일단 앞으로 던져보자. 골대에 가까워지면 그때 가서 골인시켜도 늦지 않다.

흥분되는 일을 하고 싶다고, 가슴 뛰는 삶을 살고 싶다고 다들 말하지만, 정작 그런 삶을 사는 이는 많지 않다. 설령 그럴 기회가 와도 실패를 두려워한 나머지 어떤 선택도 하지 않고 똑같은 일상을 보낸다. 나는 사람들이 그렇게 행동하는 이유가 너무 똑똑하게 결정하기 때문이라고 말하고 싶다. 가끔은 무모한 결정, 성공 확률이 낮은 결정이 드라마를 쓰는 법이다.

축적과 발산의 법칙

나에게 특별한 약점이 있는 게 아니라면, 본인이 지금 어느 위치에 있든 그 위치는 온전히 본인의 선택으로 온 것이다. 만족스럽지 못한 부분이 있다면 하지 못한 것이 아니라, 할 마음이 없거나 적었던 것이다. 그 사실부터 인정하는 것이 새로운 출발의 첫걸음이다. 남 탓하고 환경 탓해봐야 아무런 의미도 답도 없다.

성과의 특징은 원하는 때에 오지 않는다는 것이다. 누군가는 인생의 가장 좋은 때를 일만 하며 보낸다고 아쉬워할 수도 있고, 누군가는 계속 노력해도 빛을 보지 못하는 자신을 한탄할 수도 있다. 큰 노력 없이 성과가 나는 운을 만날 수도 있고, 반대로 아무리 노력해도 일이 안 되는 불운을 만날 수도 있지만 평균을 따져보면 얼추 비슷하다. 다만 분명한 것은 축적 없이 발산되는 성과는 없다는 것이다. 운의 영역을 떠나 내가 아직 빛이 나지 않는다면, 축적이 덜 됐을 확률이 높다. 축적하면 반드시 발산의 시기가 온다. 훗날 남들이 발산할 때 뒤늦게 축적할 것인가, 지금 축적하고 나중에 발산할 것인가 하는 선택의 문제일 뿐이다.

지금 큰 보상 없이 빡세게 살고 있다거나 남들 놀 때 일하고 있다면, 언젠가 반드시 성과라는 보상이 찾아온다는 걸 잊지 마시길.

목표를 정한다는 것

목표를 정하는 일은 정작 대단한 것이 아닌데, 우리는 목표라는 말에 지나치게 의미를 부여하는 듯하다. 목표가 무엇인지 물어보면 지금 먹고살기도 바쁜데 그런 거 생각할 겨를이 어디 있냐고 대꾸하는 이들도 있다.

그냥 열심히 최선을 다하는 것과 목표를 정해놓고 열심히 하는 것은 과정과 결과가 엄연히 다르다. 목표가 있으면 헤매는 시간이 줄어들고 잡다한 생각을 할 필요가 없다. 자연히 목적지에 빨리 도달한다.

이때 목표는 거창할 필요도 없다. 내일 일어날 시간이라든지, 일어나서 읽을 책의 분량이라든지, 산책 코스를 정하는 것이라든지. 그런 것들을 미리 목표로 정해두면 다음 날 아침에 '피곤하네, 오늘은 좀 쉴까 말까' 고민하며 흘려보내는 시간이 없어진다.

이것도 하고 싶고 저것도 하고 싶고, 혹은 이것을 해야 하나 저것을 해야 하나 고민된다면, 먼 미래보다는 아주 소소하다 해도 당장 이룰 수 있는 목표부터 세우자. 할 수 있는 것부터 해치워버리면 다음의 원대한 목표를 이루는 데 큰 도움이 된다는 사실을 잊지 말자.

슬럼프가 왔을 때

슬럼프가 왔다고 우울해하거나 의기소침할 필요는 없다. 오히려 내게 온 것에 감사하고, 주변에 슬럼프를 겪는 사람이 있으면 그동안 고생했다고 찾아가 격려해주어야 한다. 슬럼프는 근육통 같은 것이다. 무리하게 운동을 했거나 몸이 상할 만큼 무언가를 했기에 생기는 것이지, 집에 가만히 누워 있는데 근육통이 생길 리 없다. 다시 말하자면 통증이 찾아올 만큼 열심히 무언가를 한 것이다.

슬럼프의 해결책으로 갑자기 일을 그만두고 쉬거나 이직하는 것은 권하지 않는다. 자칫 조금만 더 하면 성장할 기회를 앞두고 게임을 접는 형국이 될 수 있다. 레벨업이 되지 않은 상태에서 다시 시작해봐야 똑같은 상황에서 똑같은 위기를 맞을 뿐이다.

그럼 어떻게 해야 하느냐고? 슬럼프가 왔을 때 가장 먼저 버려야 할 것은 다름 아닌 '과도한 생각'이다. 결과에 대한 과도한 집착을 버리자. 자꾸 생각을 키우고 결과에 집착할수록 점점 자신의 주관이 사라지고 판단기준이 외부로 향하기 마련이다. 자연히 쉽게 하던 일도 뱅뱅 제자리만 맴돌게 된다.

슬럼프가 왔다고 느꼈다면 속도를 늦추고 초점을 어디에 둘지부터 생각해보자. 노력하지 말라는 것이 아니라, 괜한 에너지를 낭비하지 말라는 것이다. 잘 먹고 잘 쉬면서 마음도 돌보고 몸도 돌보자. 지금까지 달려온 시간을 한번 추스른다고 생각하면, 머지않아 언제 그랬냐는 듯 슬럼프로 방황하는 후배에게 한마디 거들고 있는 자신을 발견할 수 있을 것이다.

불안은 제거가 아닌
관리의 대상이다

어떻게 해야 불안에서 자유로울 수 있는지, 불안할 때 어떻게 해야 하는지 물어보는 분들이 있다. 답을 먼저 말하자면, 불안을 없앨 수는 없다. 사업을 하는 한 지극히 사소한 걱정으로도, 예측과 어긋난 결과로도 밤잠을 설치기 마련이다.

차라리 불안에 대한 관점을 바꾸어보자. 불안하다는 것은 내가 무언가 하고 있다는 것이다. 시도하지 않으면 불안할 일도 없다. 우리가 무언가를 계획하고 행동하고 있는 한 불안을 느끼는 건 당연하다. 그러니 불안을 없애려 하지 말고, 불안을 잘 관리할 방법을 찾는 것이 현명하다. 몇 시간이라도 집중할 수 있는 다른 관심사를 찾아봐도 좋고, 시간이 흐르면서 지금의 불안이 가라앉도록 기다리는 것도 방법이다. 바라건대 없어지지 않을 불안 때문에 우울에 빠지지 않길 바란다. 불안이 반드시 나쁜 것도 아니다. 회복탄력성이 있다면 불안을 연료 삼아 힘을 내고 성장하는 것도 가능하니 말이다.

행복의 조건

행복의 조건에 대해 가끔 생각해본다. 누구는 돈을 많이 벌어야 행복하다 할 것이고, 누구는 잠만 잘 자면 행복하다 할 것이고, 나처럼 물욕 없는(?) 사람은 산들바람만 불어도 행복하다 할 것이다. 내가 철학자도 아니고 행복의 기준은 다 다르기에 정답을 알 수 없다. 다만 불행의 조건은 알고 있다.

과한 욕심 부리기. 잘되는 사람 질투하기. 남의 노력은 작게, 자신의 노력은 크게 보기. 무엇보다 지금부터라도 부지런히 운동하지 않으면, 나중에 한 번은 반드시 불행해질 것이다.

나만의 즐거움이 나의 힘

일은 행복하려고 하는 것이다. 언제 웃었는지 기억도 안 난다면, 내가 이러려고 사업하나 싶다면, 내 마음 하나 위로받을 곳이 없어 우울하다면, 심지어 이런 우울을 느 낀 지 오래되었다면, 비슷한 처지의 사람들끼리 어울려 하소연하기보다 꼭 주변에 행복 장치를 설치해두길 바란 다.

나를 행복하고 즐겁게 하는 일이 무엇인지 찾는 데에 는 상당한 노력이 필요하다. 거저 되는 일이 아니다. 우선 내가 무얼 좋아하는지 생각하는 시간부터 늘려야 한다. 스스로를 세심하게 관찰해야 하는 건 기본이다. 나는 연

245

필 깎는 소리를 들으면 행복해져서 연필깎이를 샀다. 날카로운 연필심에서 나는 사각사각 소리를 들으며 메모를 하면 그렇게 기분이 좋을 수 없다.

한번은 너무 휴대폰만 들여다보는 것 같아 침대 옆에 책 한 권, 책상 위에 책 한 권, 자동차 보조석에 책을 한 권씩 두었다. 책을 읽다 보니 휴대폰 보는 시간이 줄고 뭔가 느끼고 배우는 것 같아 저절로 기분이 좋아졌다.

생각지도 못한 주차권을 받은 날에는 사진으로 행운을 기록하고, 열심히 하는 후배를 일부러 찾아가 응원도 해주고, 책을 추천받으면 온라인으로 사도 되는데 책 찾는 재미를 느끼러 일부러 서점에 가고, 생전 안 하던 야구도 한 판 하고, 모르는 친구와 사진도 찍어본다. 모두 나만의 행복 장치들이다. 나도 모르게 키득거리고 있음이 느껴진다. 이 모든 순간이 모여서 즐거움이 되고 힘이 된다. 행복 장치를 만드는 것이야말로 누가 대신 해주는 게 아니라 나만이 할 수 있는 일이다.

사장의 시간

어릴 적부터 시간이 돈만큼 중요하다는 강박이 있었다. 지금도 마찬가지다. 사업을 하다 보면 돈을 까먹을 수 있고 누군가에게 뒤통수를 맞기도 한다. 그런 것들은 그러려니 하고 넘어갈 수 있다. 그러나 '시간'만은 허투루 쓰고 싶지 않다. 무언가 해보다가 실패한 것은 경험이지만, 아무것도 하지 않은 시간은 그냥 까먹은 것이다.

딱히 할 일이 없어도 일찍 일어나 시간을 미리 확보하면, 머지않아 할 일이 생긴다. 우리는 각자의 방식대로 시간을 버는 게임을 하는 중이다. 하루를 최대한 길게 쓰는 사람은 남들보다 많은 자산을 가진 것이다.

왜 그곳에 가고 싶은가

어떻게 가야 하는지는 물어도 괜찮지만, 어디로 가야 하는지는 묻지 않는 편이 낫다. 어디로 가라고 추천받은들 그것을 판단할 기준이 없기에 가고자 하는 길의 예시만 늘어난다. 대단한 성과를 기대하기 어렵고 생각만 많아진다. 누군가에게 어디로 가야 하는지, 왜 가야 하는지 묻기 전에, 나는 어디로 가고 싶은지 왜 그곳에 가고 싶은지를 먼저 물어보자. 그곳에 어떻게 가야 하는지는 그다음에 물어볼 일이다.

외로움을 해결하는 법

우리는 외롭고 힘들 때 의지할 사람을 찾지만, 외로움은 다른 사람이 해결해줄 수 있는 것이 아니다. 외롭지 않으려고 갖는 만남은 건강하지 않다. 타인에게 그것을 바라는 순간 상대에게 기대하는 마음이 생기고, 기대에 미치지 못하면 실망감에 오히려 더 외로워진다.

외로움은 내 안에서 일어나는 것이지, 다른 사람 때문에 생겨나는 것이 아니다. 내 옆에 사람이 없다고 외로운 것도 아니다. 그러니 누구에게 큰 기대를 하지 말자. 혼자 갈 수 있으면 혼자 가고, 그렇지 않다면 누군가와 손 뻗으면 닿을 거리에서 같은 방향으로 걸어가는 것이 좋다.

외롭다고 느끼는 일들이 유독 나에게만 일어난다고 생각하면 그것은 외로움이고, 나뿐 아니라 모든 사람에게도 일어날 수 있다고 대수롭지 않게 바라보면 그것은 단순한 심심함이다. 사람은 심심하면 호기심을 품게 된다. 그 호기심을 동력 삼아 주변에서 일어나는 일에 재미를 느끼고, 책도 읽고 공부도 하며 놀 거리를 찾으면 된다.

내가 갈 길을 가다가 천재를 만나면 먼저 가라고 길을 비켜주는 것도 외로움을 덜어내는 방법이다. 그렇지 않고 남들과 비교하면 마음만 급해지고 더 외로워진다. 세상에 나보다 못한 사람도 많은데, 굳이 잘나가는 한두 명을 기준 삼아 스스로를 초라하게 만들 필요가 있을까? 나만의 페이스로 천천히 가도 누군가는 나를 보며 천재라 할 수도 있고, 먼저 보내주려 할 수도 있다.

인간에게 감정이 있는 한 외로움은 사라지지 않을 테니, 외로움을 극복하려 들지 말자. 외로움 자체를 별것 아닌 존재로 남겨두자. 오히려 외로움을 느낄 감정이 남아 있음에 감사하며 외로움과 균형을 유지하며 살아보자.

무엇을 해야 할지 모르겠다면

1. 무엇을 해야 잘될지 여기저기 살피는 것보다, 나는 무엇이 되고 싶고 무엇을 하고 싶은지 살펴보는 것이 훨씬 낫고 빠른 길이다. 그래야 실패해도 후회가 없다. 후회가 남지 않을 일을 부지런히 찾아서 속도감 있게 실행하자.

2. 남들에게 물어볼 수 있는 것은 상대방이 잘 아는 내용이나 염두에 두어야 할 것들이지, 그 길을 가도 되는지 아닌지가 아니다. 그것만은 자신에게 물어야 한다.

3. 무엇을 하고 싶은지 모르는 것은 세상에 존재하는 수많은 가치를 발견한 적이 없어서일 수도 있다. 방 안에 있지 말고 여행을 가든 벤치마킹하러 다니든, 우선 세상 밖으로 나가보길.

4. 무엇을 하고 싶은지 정했으면 주위에 적극적으로 알리자. 잘 살았으면 도와주는 사람이 나타날 것이고, 그렇지 않다면 삶을 돌아볼 계기가 될 것이다.

5. 가치는 충돌한다. 도전은 리스크가 따르고, 경험은 항상 아픔을 수반한다. 아픔이 무언가를 하고 안 하고의 결정기준이 되면 안 된다. 아픔을 피하려면 가만히 누워 있을 수밖에 없다.

매출이 떨어질 때
할 수 있는 일

매출이 갑자기 잘 나오는 이유는 3가지다. 시장 규모 대비 상품 수가 적었거나, 일시적인 마케팅 효과를 봤거나, 새로운 시장이 탄생했거나. 반면 매출 급락의 이유는 단 하나다. 코어가 되어줄 단골이 없다는 것. 금리가 올라서 가게 지출이 늘어날수록, 손님이 줄어드는 휴가철일수록 손님에게 더 다가가고, 좋은 관계를 맺고, 나를 잊지 말라고 발버둥을 쳐야 한다.

단골이 떨어져 나간 게 아니라면, 하루하루의 매출 추이에 너무 민감할 필요는 없다. 매출은 원래 파도와 같다. 오를 때가 있으면 내려갈 때가 있다. 그러니 지금 파동이

상향곡선을 그리는지, 하향곡선을 그리는지 잘 살펴되 일희일비하지는 않았으면 좋겠다. 오늘은 매출이 떨어졌으니, 이번 달은 매출이 안 좋으니 본인 혹은 직원들이 대단한 잘못이라도 한 것처럼 자책한다거나 갑자기 뭘 바꾸려 하지 마시길. 신메뉴 출시 같은 것은 더욱더 하지 마시길 바란다. 고객 리뷰를 꼼꼼히 읽어보고 큰 문제가 없으면 마음을 편하게 먹고, 다음 달을 준비하는 자세로 회식도 하고 바빠서 미처 못 했던 정비의 시간을 갖길 권한다. 시간이 남으면 동네나 한 바퀴 산책하고 오라며 직원을 내보내는 것도 좋다. 아마도 우리는 손님이 많은 편이라며 자부심을 안고 돌아올 것이다.

우리나라는 기본적으로 1년에 두 번의 명절이 있다. 그 외에 3월 입학 시즌, 5월 가정의 달, 8월 휴가철 등 특별히 지출이 많은 달이 정해져 있어 그 전후로 외식 소비가 줄어드는 것이 정설이다. 이 자연스러운 현상 앞에서 누구 한 명에게 부담을 주거나 큰 변화를 시도하느라 괜한 스트레스 받지 마시길. 물론 고객 리뷰에 이렇다 할 문제가 없다는 전제하에서다.

내가 지켜야 할 사람

남에게 좋은 사람이 되려다 가족에게 나쁜 사람이 되지는 말자.

지인의 성장을 도와주느라 내 회사가 성장할 타이밍을 놓치지는 말자.

시간은 한정되어 있고 누구에게나 다 잘할 수는 없다.

내 물잔을 채우는 데 먼저 힘을 쓰고, 물잔에 넘치는 만큼만 남을 도와야지 남 돕느라 내 것을 지키지 못하면 결국 남도 다 떠난다. 누군가 말하길 행복을 찾아 여기저기 돌아다니면 불행이고, 내 주위와 내 안에 존재하는 것 중에서 덜 불행하다면 행복이라고 했다.

나라는 그릇을 키우는 방법

늘 해오던 일이어서 쉬엄쉬엄 하다 보면 쉽게 되던 일에도 균열이 생기고, 늘 맡겨오던 사람들이라 어영부영 내버려두다 보면 그들의 마음속에 다른 생각이 자라기 시작한다. 내버려둔 사이에 각자 그릇 크기가 달라져 차고 넘쳤을 뿐, 누구의 잘잘못은 아니다. 그릇을 깰 것이냐, 키울 것이냐는 각자의 선택이다.

내 그릇을 키우는 5단계는 다음과 같다.

1. 문제를 두 눈으로 똑바로 바라본다.
2. 나의 잘못으로 받아들인다.

3. 문제를 고치려 할 때 벌어질 일을 계산한다.

4. 그렇다 하더라도 문제를 고쳐나갈 것인지 고민한다.

5. 실행한다.

긴 연휴에 할 수 있는 일 5가지

1. 일단 잘 먹인다.

같이 일한 직원들 칭찬도 해주고, 닭이라도 한 마리 주문해서 고아 먹는다. 아플 때 약 쓰지 말고 별일 없을 때 잘해주는 편이 덜 아프고 돈도 덜 든다. 구인의 목적은 구인이지만, 궁극적인 목표는 결국 퇴사를 줄이는 것이다.

2. 문 열고 청소부터 한다.

언제? 시간 남을 때마다. 얼마나? 그다음 할 일이 생각날 때까지. 매장에서 하는 청소는 산책과 같다. 하다 보면 몸도 건강해지고 활력도 생기고 무엇보다 다음에 할 일이 떠오르는 효과가 있다.

3. 예전에 쓰던 접시라든지 안 쓰는 주방기물, 3년 전에 공사하다 남은 타일 등 매장마다 쓸데없이 쌓여 있는 것들이 있을 것이다. 중고로 팔든 버리든 정리해야 한다.

4. 해도 되고 안 해도 그만인 일인데 괜한 의미를 부여해 묵혀둔 것들이 없는지 찾아내 해결해야 한다. 돌이켜보면 그때는 꼭 필요하다고 생각해 많은 걸 무릅쓰고 벌인 일들이 내 발목을 잡고 있는 경우가 꽤 많다.

5. 소 잃고 외양간 고치는 자신을 발견하기

반성과 후회는 늘 사건이 벌어진 다음에야 한다. 다음 연휴가 올 때 우리는 어떤 기획을 할 수 있을까? 소나기 내릴 때 어떤 우산을 준비해야 할까? 미리 고민하고 대비하는 시간이 필요하다.

나를 위로하는 일

얼마나 많은 실수를 더 해야 온전히 영글어질까. 시간
이 지나야만 알 수 있는 후회스러운 일들이 아직도 참 많
다.

그때 내가 그 일을 하지 않았더라면, 그때 내가 그 말
을 하지 않았더라면, 지금 벌어진 일들이 일어나지 않았
을까?

옳은 판단인지 아닌지 확신이 없었던 일의 선택을 조
금 더 미뤘더라면 나 때문에 발생한 회사의 손실, 사람들
의 상처가 생기지 않았을까?

일이 잘될 때 인정받던 나도, 일이 안 될 때 질타받던

나도 모두 나이니 스스로라도 나를 인정하고 박수 쳐주는 게 어떨까.

나답게, 단순하게, 자신 있게.

관계의 마무리

관계가 시작될 때는 이만 한 사람이 없었고, 관계가 끝날 때는 이만 한 사람인 줄 몰랐다 하는 법이니, 관계의 중간쯤 어딘가의 기억으로 마무리하는 것이 좋다.

"네가 그랬으니까 내가 이랬던 거지." "아니 네가 먼저 그랬으니까 내가 이렇게 한 거야."

이 끝없는 대화는 좋지 않은 감정만 남기는데, 굳이 그럴 필요가 있을까.

내 마음을 확인했다면 다른 핑계를 댈 것 없이 적당한 때가 되어서 일어나는 일임을 인정해야 한다. 어차피 결론은 달라지지 않을 것이니 담담하게 받아들이자.

상대방에게 느끼는 감정을 모아놨다가 나의 명분이나 에너지로 끌어쓰기도 하는데, 그래봐야 새로운 국면에 도움이 되지 않을뿐더러 별다른 의미도 없다. 관계의 실수 역시 경험의 축적이라 여기고 좋은 마음으로 받아들여야 한다. 그것이 내 그릇을 키우는 길이다.

후배에게 해주고 싶은 이야기

꿈

일면식도 없는데 꼭 만나서 인터뷰하고 싶다며 DM으로 연락해온
이가 있었다. 훗날 자신도 외식업으로 성공하면 나처럼 후배들에게
자신의 경험을 나눠주고 싶다는 솔직한 제안에 끌려 허심탄회한
이야기를 나눴다. 사회에서 만난 후배들에게 경험을 나누는 시간은
어떤 인터뷰보다 가치 있다.

**Q. 창업하면 망한다는 말을 많이 들으셨을 텐데
창업을 하신 이유가 궁금합니다.**

돈 벌려고 창업했습니다. 1억 3000만 원쯤 모았을 때, 사실 더 돈을
모은 다음에 하고 싶었는데 개인 사정으로 더 미루다간 계획이
의미 없을 수 있겠다는 생각이 들었어요. 창업시장에 빨리 나를
던져야겠다 싶었죠.

Q. 실패에 대한 두려움은 없었나요?

없었어요. 두려움이란 준비되지 않았을 때 오는 거예요. 헬스 대회에 나가서 떨어진 사람이 있다고 해보죠. 정말 열심히 준비한 사람은 후회가 없다고 해요. 하지만 열심히 안 한 사람은 "조금만 더 할걸…" 하며 후회합니다. 저 역시 1억 넘게 모으기 위해 정말 열심히 일했기 때문에 '안 되면 어쩔 수 없는 거지'라는 생각이 들었어요. 오히려 마음이 편하던걸요. 안 되면 또 할 일이 있는 거잖아요.

Q. 외식업 CEO의 핵심역량은 무엇인가요?

남들의 감정을 측정할 수 있는 능력이에요. 외식업은 음식을 팔기도 하지만 결국은 공간에서 이루어지는 비즈니스입니다. 우리 공간을 오고 가는 사람들의 감정을 알아차릴 수 있어야 해요. 음식을 먹었는데 손님들 표정이 좋지 않으면 이유가 있을 것 아니겠어요? 출근한 직원의 표정이 별로면 '그만둘 거 같은데?' 같은 시그널을 파악할 수 있어야 하고요. 이런 것들을 피드백 삼아 부족한 점들을 보완할 수 있어요. 사업은 결국 마음을 읽는 일이에요.

Q. 외식업으로 돈을 많이 벌고 싶습니다.
가게에서 일하면서 경험을 쌓는 게 나을까요,
아니면 프랜차이즈에서 일하는 게 도움이 될까요?

프랜차이즈를 추천합니다. 직영점은 적당한 돈을 빨리 벌기에 좋지만 그다음 확장이 느려요. 자본이 많이 필요하기 때문이죠. 반면 프랜차이즈는 처음에는 느리지만 큰돈을 더 빨리 벌 수 있어요. 물론 그만큼 더 빠르게 망할 수도 있지만요. 너무 본질에 가까운 답을 하는 것 아닌가 싶겠지만, 어느 쪽을 택하든 본인이 잘하기만 하면 됩니다.

프랜차이즈를 하고 싶으면 프랜차이즈 회사에 가고, 직영점을
하고 싶으면 직영점에 가면 돼요. 뭘 할지 명확하지 않으면 좀 더
고민해보셔야 하고요.

**Q. 대표님이 지금의 기억을 가진 채 처음으로 돌아간다면,
브랜드를 만들기 위해 무엇부터 하시겠어요?**

치킨이나 다른 브랜드의 프랜차이즈에 들어가서 일이 어떻게
돌아가는지 배우고 싶어요. 그곳에서 핵심인재가 되기 위해 노력할
겁니다. 어딜 가든 중추적인 인재가 되겠다고 생각하면 금방 성장할
수 있어요. 모든 게 해결할 문제로 보이거든요. 부족한 부분을 제안할
수 있게 되고, 사장보다 더 사장 같은 사람이 될 수 있어요. 그러면
사장도 금세 알아차립니다. 저도 아르바이트할 때부터 사장보다 더
사장처럼 살았어요. 사장보다 더 이익에 집착했고요. 왜냐고요? 남의
살림으로 사장 경험할 기회니까요.

**Q. 프랜차이즈에서 일한 다음에
일이 어떻게 돌아가는지 알면 바로 창업하실 건가요?**

열심히 일했다면 이론이 생길 거예요. 이건 이렇게 하면 되겠다, 저건
저렇게 하면 되겠다 하는 융복합적 이론이 생깁니다. 이게 생기면
자연스럽게 창업하게 돼요. 나만의 이론을 익히지 못하면 창업하지
말아야죠.